Bernd Tietze

Die Flut 1962

Ich blicke zurück mit Kinderaugen

Bernd Tietzel

Die Flut 1962

Ich blicke zurück mit Kinderaugen

Fluterlebnisse auf Finkenwerder und in Neuenfelde

ISENSEE VERLAG
OLDENBURG

Bibliografische Information der Deutschen Bibliothek

Die Deutsche Nationalbibliothek verzeichnet diese Publikation in der Deutschen Nationalbibliografie;
detaillierte bibliografische Daten sind im Internet über
http://dnb.d-nb.de abrufbar.

ISBN 978-3-7308-2053-7

Gedruckt bei Isensee in Oldenburg

Bild: PRVAT

Februar 1962

Mein Elternhaus inmitten

eines Meeres ohne Namen

Inhalt

De III. Miel

Hintergrund

Schlussgedanken

Vorwort

Vom 16. auf den 17. Februar 1962 brachen fünf Deiche auf Hamburgs Elbinsel Finkenwerder. Sechs Dekaden sind bereits seit dieser großen Sturmflut vergangen. Es ist Zeit, die eigenen Erlebnisse der Nachwelt zu erhalten.

Als knapp 10-jähriger Junge habe ich diese Katastrophentage sehr intensiv miterlebt. Man hätte meinen können, dass sich daraus ein traumatisches Kindheitserlebnis entwickeln könnte, abgelegt unter den Begriffen Bedrohung oder gar Angst. So kam es aber nicht. Mit meinen Kinderaugen wurde die damalige Jahrhundertflut eher als ein Abenteuer betrachtet.
Eine Kindheit in vertrauter Wassernähe, auf einer von Flussarmen der Elbe umschlossenen Insel. Spielplätze im Schilf- und Schlickgürtel der Alten Süderelbe, mit direktem Blick auf die schützenden Deiche. Gezeiten waren lediglich ein nicht beeinflussbares Mysterium, welches unsere heimlichen Spielreviere verlässlich in ein ständig wechselndes Aussehen tauchte.

Im nur wenige Kilometer entfernten Neuenfelde, auf der anderen Seite der Alten Süderelbe, erlebte der 1962 dreißigjährige Günter Diercks die Katastrophentage ebenso hautnah und doch ganz anders, denn in seinem Fall handelte es sich nicht um ein kindlich gefühltes Abenteuer, sondern vielmehr um die Taten eines 30-jährigen jungen Mannes in Not,

seiner verzweifelt helfenden Hand am Deich, der Sorge um das Wohlergehen der eigenen Familie, des Viehzeugs und schließlich der eigenen Rettung.
Das ganz Besondere an seiner Schilderung ist die Originalfassung in plattdeutscher Sprache, erlebt und gelebt in einer plattdeutschen Deichgemeinschaft.

Erinnerungen

Orkanstärke aus Nordwest

Freitag, 16. Februar 1962

"Denn wöt wü mol los, ward jo ok Tid!", gekonnt schwang sich mein Vater in den Treckersitz unseres 12 PS Güldners. Ich hüpfte hinterher und nahm Platz auf dem eiskalten Blech des Kotflügelsitzes zu seiner Rechten. Der Zweizylinderdiesel quälte sich beim Starten, so wie üblich, mit grau-schwarzen Rußstößen aus seinem Auspuff, bis er endlich seine Leerlaufdrehzahl erreicht hatte. Ich mochte diesen Duft von unvollständig verbranntem Diesel. Es war kalt und windig, sehr windig sogar, an diesem 16. Februar 1962. Freitagnachmittag. So wie immer freitags begleitete ich meinen Vater ins Lager. Wir verkauften dort Produkte unserer kleinen Landwirtschaft mit jahreszeitlichen Angeboten wie Äpfeln, Eiern, Birnen, auch Pflaumen und Zwetschgen, Kartoffeln und Erdbeeren. Manchmal hatten wir sogar Suppenhühner oder Wildenten dabei. Natürlich war das Geflügel bereits von meiner Mutter gerupft und ausgenommen worden. Mein Vater war ja nicht nur Landwirt, sondern auch passionierter Elbjäger.

Genaugenommen hieß dieses Lager ab 1954 Flüchtlingsdurchgangslager, aber im Laufe der 60er Jahre wurde der Anteil der Flüchtlinge immer geringer. Die wenigen, die dann noch kamen, waren schnell wieder weg. An diesem Ort hängen zu bleiben war keine gute Adresse. Familien, die hier länger leben mussten und es nicht aus eigener Kraft schafften, zügig eine andere Anschrift zu bekommen, bewegten sich schnell an das untere Ende unserer sozialen Gesellschaftshierarchie. Große zwischenmenschliche Enge bestimmte das tägliche Miteinander der Kasernierten. Teilweise wohnten hier zwei Familien in einem Raum. Eine gewisse Intimsphäre versuchte man durch eine aufgespannte Wolldecke zu wahren. Diese dramatischen Wohnsituationen werde ich nie vergessen. Sie brannte sich unauslöschlich ein in meine erst neunjährigen Kinderaugen!

Es gab Gemeinschaftsküchen mit unzähligen Kochplätzen. Besonders zur Mittagszeit verteidigten die Frauen ihre Gaskochfelder, standen gedrängt nebeneinander, Schulter an Schulter, vor sich dampfende Töpfe, eingehüllt von einem verwirrenden Durcheinander an Gerüchen, vor allem aber lauten, scheppernden Küchengeräuschen und geselligem Geschnatter. Das kannte ich so bisher nicht.

Und auch das war neu für mich: Aggressionen unter Erwachsenen. Frauen keiften sich an und wurden sogar handgreiflich. Eine ganz andere Welt! Gefühlt sprachen die meisten unserer Kunden außerdem eine eigenartige Sprache. Völlig fremd für meine Ohren. Mein Vater versuchte, mein Rätsel zu lösen und konnte davon berichten, dass diese Menschen aus ihrer geliebten Heimat geflohen waren, manche hatten sogar unter Zwang Geburtsländer im fernen Schlesien oder dem Sudetenland verlassen *müssen.* Aussiedler und Vertriebene! Auf jeden Fall handelte es sich für mich um sehr weit entfernte Herkunftsländer mit sehr fremden Sprachmelodien.

Meine Schwester und ich waren bisher immerhin schon einmal bis in den 300 km entfernten Solling gekommen. Von Finkenwerder aus bis nach Bad Karlshafen dauerte unsere Familienreise Ende der Fünfziger mit einem VW-Käfer gefühlt den ganzen Tag, bis es endlich auf der Fahrt mit strammen Südkurs immer bergiger wurde und unsere Kinderaugen die riesigen schneebedeckten Wälder des Weserberglandes bestaunen durften. Wir fühlten uns ganz weit weg. Alles schien so völlig anders zu sein, zumindest sehr viel anders als in unserer flachen Marsch mit den handgemachten, künstlichen Deichen. Trotzdem, die Sprache dort klang genauso vertraut wie bei uns im Norden. Schlesien musste also unglaublich viel weiter weg sein.

Wir kuppelten den von meinem Vater bereits beladenen Hänger an den Schlepper, und schon ging es los Richtung Lager. Im Februar gab es bei uns auf dem Hof leider keine besonderen Erzeugnisse. Unsere heutige Auswahl an Produkten war deshalb eher mager.

Glücklicherweise waren wir auf unseren Freiluftplätzen ausreichend warm angezogen. Ich trug voller Stolz meine neue Pelzmütze vom gerade erst vergangenen Weihnachtsfest. Vier bis fünf Kilometer tuckerten wir nun mit Vollgas Richtung Neßkanal. Der Trecker beschleunigte in der durchgetretenen Gaspedalstellung gerade einmal auf maximale 20 km/h. Eine Viertelstunde später kamen aber endlich die ersten ein- bis zweistöckigen Unterkünfte des ehemaligen U-Boot-Stützpunktes "Fink I" in Sicht. Direkt gegenüber, am Rüschkanal, standen noch die

Reste der dazugehörigen, nahezu unkaputtbar gefertigten U-Bootbunker mit meterdicken Betonwänden und dem Tarnnamen "Fink II". Seit Kriegsende versuchte man, dieses Relikt aus schlimmen Zeiten zu zertrümmern. Tägliche Sprengungen gehörten damals für unsere Ohren zu einer nicht weiter beachteten Geräuschkulisse.

Die Siedlungsfläche des Flüchtlingslagers war sehr raumgreifend. Auf dem kompletten Gelände zwischen Rüschkanal und Neßkanal, den letzteren Kanal gibt es heute nicht mehr, waren die Wohnblocks und Baracken großzügig verteilt. Im Norden bildete die Elbe die Begrenzung und erlaubte einen wunderschönen Blick auf die noblen Villen-Vororte Nienstedten und Blankenese mit Hamburgs Top-Wohnlagen am Steilufer des Urstromtals der Elbe. Gegensätzlicher konnten Wohnsituationen nicht sein! Das Wasser der Elbe trennte an dieser Stelle absolut extrem verschiedene Welten.

Auf dem einst künstlich aufgeschwemmten "Lagergelände" gab es zwei Flächen von der Größe mehrerer Fußballfelder, die gut fünf Meter tiefer lagen als das übrige Neuland. Dort standen große Wohnblocks mit den Kürzeln wie Block 8 und Block 16. Ein weiterer Block in einer dieser Senken hatte im II. Weltkrieg einen Bombenvolltreffer bekommen. Das Gebäude war total zerstört worden. Ein rostiger Maschendrahtzaun versuchte, den trostlosen Anblick einzugrenzen. Die Abzäunung war zwischenzeitlich natürlich an diversen Stellen niedergetreten worden, denn kaum ein Kind konnte der Versuchung widerstehen, auf diesem einmaligen Abenteuerspielplatz aus Beton, Schutt und zerborstenem Moniereisen nicht nach verborgenen und garantiert verbotenen Geheimnissen zu suchen.

*

In weniger als zwölf Stunden wird alles hier eine einzige Wasserwüste sein, die beiden Senken nur noch tiefe, randvoll mit Elbwasser gefüllte Teiche, aus denen die oberen Stockwerke der größeren Gebäude wie Inseln herausragen. Die 2000 Menschen auf diesem Areal werden bald in höchster Not und die von uns gerade gekauften Waren unwichtig geworden sein. Keiner kann so etwas ahnen. Wind aus Nordwest in Orkanstärke, pechschwarze Dunkelheit, Schlammfluten nahe dem Gefrierpunkt!

*

Der Startpunkt unserer Verkaufsfahrt änderte sich manchmal. Heute sollte es auf der Neßkanalseite im Westen losgehen. Beim Halt an der ersten Wohnbaracke sprang ich geübt vom Traktor herunter, schnappte mir meine Kuhglocke und rannte zum Eingang der Behelfsbauten. Meine mir zugeteilte Aufgabe konnte beginnen: Die ersten fünf Meter bimmelte ich intensiv, dann ließ ich die Glocke verstummen und bot laut rufend die heute angebotenen Waren an. Also beispielsweise "ÄPFEL ... EIER ... ÄPFEL ... EIER!" Dann folgten wieder einige Meter Bimmelei. Ich verwandelte mich in einen kleinen Marktschreier! In den großen Wohnblocks dauerte die Tour schon etwas länger. Erst wurden alle Gänge und Winkel des unteren Stockwerks abgelaufen, dann spurtete ich über das mächtige Treppenhaus nach oben in das zweite Geschoss, um dort auf keinen Fall weitere mögliche Kunden uninformiert zu lassen.

In den Gängen der Gebäude war es oftmals sehr düster. Keine Fenster, nur spärliches Licht aus elektrischen Kugellampen an den Decken. Defekte Leuchtmittel erfuhren selten Beachtung. Die unzähligen Türen rechts und links blieben geschlossen. Kinder johlten vorbei in Richtung Ausgang. Nur aus der geöffneten Großküchentür drangen die bereits beschrieben Gerüche, Geräusche und fettigen Dunstschwaden. Währenddessen verkaufte mein Vater im Eingangsbereich seine Waren. In meinen Bimmelpausen lauschte ich den vertrauten Verkaufsgesprächen, bis es schließlich weiterging zum nächsten Wohnblock.

Als wir die Nordspitze der Landzunge direkt am Elbufer erreichten, lebte der immer heftiger werdende Sturm richtig auf. Hier über dem freien und breiten Flussbett zwischen Blankenese und dem Alten Land konnte er sich nun ungeniert entfalten und austoben. Auf der Elbe hatten sich bereits beachtliche Wellen mit creme-braunen Schaumkronen gebildet, auf denen die zahlreichen kleinen Versorgungsschiffe nach Melodien des Unwetters zu tanzen schienen. Düsteres Nordseewetter! Noch spielte das Orkantief Vincinette nur mit seinen Kräften, aber es beeindruckte mich kleinen Jungen damit ganz außerordentlich. Wie weit könnte ich mich wohl in die Luftströmung hineinlegen, ohne hinzufallen? Eine nie für möglich gehaltene Schräglage war sowohl Ergebnis als auch Erlebnis für mich. So etwas kannte ich nur aus dem Fernsehen vom Skispringen. Meine Kleidung flatterte mit lautem Klatschen, meine Augen tränten, die Nase lief, man konnte gar nicht richtig sprechen. Die Pelzmütze musste vorsorglich mit beiden Händen kräftig festgehalten werden. Ist alles lange her, trotzdem habe ich dieses Bild noch ganz lebendig vor meinen Augen.

*

Angefangen hatte der Sturm als Orkantief „Vincinette“ im Seegebiet südlich von Island. Das atmosphärische Tiefdrucksystem bewegte sich rasch weiter auf seiner Zugbahn Richtung Skandinavien und ins Baltikum. Am späten Nachmittag des 16.02.1962 überquerte seine Kaltfront mit zahlreichen Gewittern den Norden Deutschlands. Nach dem Durchzug der Front drehte der Wind auf seiner Rückseite auf Nordwest, eine besonders gefürchtete Windrichtung für die Deutsche Bucht, weil damit das ungestörte Abfließen des Elbwassers in die Nordsee als Wirkung der Ebbe massiv gebremst wird. Punktgenau zum Sturmhöhepunkt wurden dann anschließend mit der wieder einsetzenden Flut zusätzlich biblische Wassermassen geradezu in die Elbmündung hineingeblasen, die auf ihrem kurzem Weg nach Hamburg verzweifelt nach Raum gierten.

*

Mein Vater machte mir Zeichen und deutete auf eine imaginäre Uhr an seinem Arm, die er nie trug. Ein Rufen wäre bei diesen heulenden und wummernden

Sturmgeräuschen ohnehin sinnlos gewesen. Nachdem wir jetzt alle Haltestationen besucht hatten, ging es wieder heimwärts. Oft kauften wir auf dem Rückweg noch Süßigkeiten für uns Kinder. Eine Speiseeiskugel im Sommer, ansonsten eine Tafel Cadbury. Warum gerade diese Marke favorisiert wurde, weiß ich eigentlich nicht so genau, aber diese englische Schokolade war sehr lecker. Vielleicht lag es daran, dass Hamburg nach dem Krieg britisch besetzt war und dass Nahrung aus fernen Ländern als "besonders wertig" galt. Leider musste ich die Schokoladenbelohnung mit meinen Geschwistern teilen. Aber heute war ein Glückstag. Mein Bruder konnte noch kein rechtes Interesse an der Beute bekunden, weil er noch nicht einmal 16 Monate alt war, und meine drei Jahre jüngere Schwester lag gerade im Krankenhaus in Harburg. Verdacht auf Blinddarmentzündung. Wir beiden "großen Kinder" taten uns üblicherweise schwer bei der Bestimmung, wer denn wohl das gerechte Teilen der Schokoladenriegel übernehmen durfte. Natürlich hatte meine Schwester längst begriffen, dass ich es immer wieder versuchte, sie dabei zu übervorteilen. In wenigen Wochen wechselte Annette aber bereits in die zweite Schulklasse und hatte damit das korrekte Zählen schon gut verinnerlicht. Schade eigentlich, dachte ich, der Gedanke ließ mich anerkennend schmunzeln!

Pünktlich war der Abendbrottisch gedeckt. Vater hatte noch einen wichtigen Termin. Eine schon vor langer Zeit angesetzte Versammlung der Finkenwerder Elbjäger. Vermutlich im Gasthaus Camper am Süderdeich. Und ich, ich musste pünktlich ins Bett. 20 Uhr! Die Möglichkeit für 20.01 Uhr war ausgeschlossen. Das Ende der Erkennungsmelodie der Tagesschau habe ich als Kind nie erleben dürfen. Also tobte ich die Bodentreppe hinauf, rannte schnell über den ungeheizten, dunklen Boden in mein ebenfalls ungeheiztes Kinderzimmer, in dem ich in dieser Nacht wieder alleine nächtigten würde. Die durchaus vorhandene Ofenheizung stellte nur eine Option für besondere Tage dar. An kalten frostigen Wintertagen hatten wir deshalb morgens immer schönste Eisblumen auf den Fensterscheiben. Wer kennt so etwas heute noch? Mit unseren warmen Kinderhänden schmolzen und kratzten wir dann verwegene Bilder in die zugefrorene Pracht. Heute Nacht war die Temperatur aber noch über dem Gefrierpunkt.

Der Sturm schien immer heftiger zu wimmern und rüttelte am reetgedeckten Gebälk direkt über meinem Kopf. Wohlige Müdigkeit steuerte mich in den Schlaf.

Die Deiche laufen über

Eher unsanft riss meine Mutter mich aus dem Schlaf. "Schnell, Bernd, zieh dich an und komm runter!" Ich war noch müde, aber folgsam. Alle Räume des Hauses waren hell erleuchtet. Anders als sonst. Das Radio mit der zementierten Mittelwelle des Norddeutscher Rundfunks war auf sehr laut gedreht. Auch anders als sonst. Der Wind hatte laut Angaben des Radiosprechers angeblich Orkanstärke erreicht und damit messtechnisch Geschwindigkeiten von mehr als 118 km/h entwickelt. Meine Mutter war betriebsam, der Vater nicht da! Mein Bruder schlief noch. Es war erst Mitternacht!? Was für eine Uhrzeit! Uijuijui, das war jetzt aber sehr viel anders als sonst!
"Die Deiche laufen über!"

Nur wenige Stunden vorher:
Auf dem Weg zum Treffen der Jäger bemerkte mein Vater, dass das Wasser der Alten Süderelbe schon ungewöhnlich hoch stand. Der abendliche Niedrigwasserstand hatte bereits das Niveau eines normalen Hochwassers gehabt. Sechs Stunden auflaufendes Wasser sollten sich jetzt noch dazu-addieren. Der Orkan hatte auf Nordwest gedreht und blies mit voller Wucht direkt in die Elbmündung hinein. Als Vater spät abends wieder zur Tür hereinkam, schlugen die Wellen schon hoch gegen die uns bislang noch schützenden Deiche. Er bemühte umgehend seinen Tidenkalender um Rat und beschloss daraufhin, besser um Mitternacht einen Kontrollgang am Deich durchzuführen.

*

Elbjäger bejagen, wie der Name schon nahelegt, die Niederungen der Elbufer. Insbesondere die von Ebbe und Flut geprägten Schilfgürtel lassen das Jägerherz hüpfen. Also dort, wo Enten und Gänse ihr Futter finden und eigentlich ihr Zuhause haben. Jeder, der dort jagen möchte, muss natürlich gut ausgerüstet sein. Eine taugliche Waffe, einen Jagdhund, wetterfeste Kleidung und natürlich Nahrung, denn Jagen macht hungrig. Einen Kahn, möglichst in Tarnfarbe, am besten mit Motor, vielleicht dazu ein paar hungrig quakende Lockenten, damit das zu erlegende Wild deren Kameradschaft sucht und einfliegt, um abgeschossen zu werden. Ganz wichtig aber ist ein Tidenkalender, damit man immer im Bilde ist, wann man aus seinem trocken gefallenen Liege- und Jagdplatz, gut versteckt auf dem Schlick zwischen Schilf und blubbernden Prielen, die Heimreise bei auflaufendem Wasser antreten kann. Ein Jäger hätte vermutlich andere Worte bei der Aufzählung der Notwendigkeiten seiner Leidenschaft gefunden, aber ich meine, so kommt das auch klar rüber! Will damit ausdrücken, einen Tidenkalender hat jeder Elbjäger stets zur Hand.

*

Mein Vater muss mit schreckweiten Augen von seinem Kontrollgang zurück gekommen sein, denn um Mitternacht schwappten bereits die ersten Fluten über die Grasnarbe der Deichkrone und unterspül-

ten die dort verlegten Gehwegplatten aus Beton. Gemäß seines unfehlbaren Tidenkalenders war das Ende der auflaufenden Flut aber erst gegen ca. 2.30 Uhr zu erwarten. Das konnte nicht gut gehen, ging auch nicht gut! Familie und Nachbarn wurden geweckt und man versuchte zu retten, was wichtig und machbar erschien. Unseren VW-Käfer fuhr Vater umgehend zu unserem Nachbarn Martin R. Dort stand ein riesiges, reetgedecktes altes Bauerhaus, welches noch nach alter Väter Sitte auf einer Wurt, auch Warft genannt, errichtet worden war. Diese Bauweise diente schon in früheren Zeiten der Rettung von Mensch und Tier sowie der Minimierung von materiellen Sturmflutschäden. Auch heute Nacht sollte die Warft wieder gute Dienste leisten.
Als ich das vertraute Tuckern des Zwei-Zylinder-Diesels unseres Treckers durch das Küchenfenster vernahm, sprang ich wie elektrisiert in meine Gummistiefel, schnappte mir den Anorak und die geliebte Pelzmütze und rannte hinaus in den wütenden Sturm. Normalerweise hatten wir immer 16 Schweine im Stall, ich meine mich aber daran zu erinnern, dass wir zu diesem Zeitpunkt nur acht Tiere zu versorgen hatten. Geübt veränderten wir unseren Anhänger mit seitlichen Zusatzaufbauten dergestalt, dass ein Tiertransport möglich war. Widerwillig und glücklicherweise erfolglos stemmten sich die jungen Tiere gegen diese unfreiwillige Ortsveränderung. Ich schlüpfte auf meinen Beifahrersitz und schon brauste das Gespann mit Vollgas und aufgeregt grunzenden Hausschweinen zum gerade einmal 150 Meter entfernten Nachbarn. Dort sollten Schlepper und Hänger nebst lebender Fracht nun ebenso auf der rettenden "Hinterdiele" geparkt werden. Direkt an

der Hofauffahrt wurde unsere kurze Fahrt allerdings schon wieder ausgebremst. Die riesige Trauerweide, die noch vor wenigen Minuten direkt am Wassergraben der Wiet stolz und mächtig in den Himmel ragte, war samt Wurzelwerk von Orkanböen zu Boden gedrückt worden. Der sehr dicke, aber eher kurze Stamm störte jetzt nicht sonderlich. Das mächtige Astwerk hingegen lag mitten auf der Hofauffahrt und machte ein Passieren unmöglich. Woher die Axt kam, kann ich nicht mehr erinnern. Mein Vater war im besten Mannesalter. Die Axt flog nur so durch die Luft. Der jüngere Nachbar half. Ich räumte abgeschlagenes Geäst zur Seite. Der Durchgang schien einigermaßen passierbar zu sein, als die Fahrt auch sofort wieder fortgesetzt wurde. Die Schweine schienen Glück zu haben und hätten ab jetzt vermutlich ewig weiterleben können. Natürlich nicht wirklich ewig, es waren ja schließlich Schlachtschweine. Aber jetzt schon ein wenig länger, denn an dieser Wegblockade wären sie mit Sicherheit innerhalb der nächsten Stunde ertrunken. Ich lief hinter dem Gespann her, war wohl etwas unachtsam, stolperte und Schwupps, da wurde mir meine geliebte Pelzmütze von einer hinterhältigen Bö vom Kopf geschlagen. Wie ein sich bei voller Fahrt separierender Autoreifen wuselte und sprang meine Kopfbedeckung mit hoher Drehzahl durch Matsch und Regen und wurde schließlich von der heulenden Dunkelheit verschluckt. Panik kam auf. Meine geliebte Mütze! ... doch da, da war sie wieder am Rand des Sichtbaren. Ungut nur, dass sie immer noch schneller rollte als ich rennen konnte. Schlussendlich gelang es mir, ihren führungslosen Zick-Zack-Kurs zu stoppen. Dreckig war sie geworden und nass. Aber ich hatte

sie wenigstens zurück! Dafür war jetzt aber mein Vater unauffindbar. Traktor und Hänger, nebst der ängstlich quiekenden Ladung, standen längst in vermeintlicher Sicherheit auf der Warft. Umgehend rannte ich im Trab heimwärts, wunderte mich aber schon über das gurgelnde Wasser in den randvollen Gräben zu beiden Seiten der Wiet. Hatte ich so noch nie gesehen. Auf halben Nachhauseweg war die Straße bereits überflutet, glücklicherweise trug ich ja Gummistiefel. Die Begrüßung meiner Mutter war anders als sonst:
"Wo kommst du her wo bist du gewesen du kannst doch nicht einfach so wir haben uns Sorgen gemacht mein Gott ich kriege keine Luft mehr!"
Ohne Punkt und Komma! Ich glaube sie wollte meine Antwort "... aber meine Mütze war doch weg ..." nicht wirklich hören.

Mein Vater versuchte derweil, den Hühnern im Hühnerstall eine rettende Hand zu reichen. Die, die flink genug waren, sich nicht fangen ließen und lieber flatternd die Flucht ergriffen, würden spätestens in einer Stunde ertrunken sein. Diese verängstigten Tiere hockten jetzt gedrängt in der hintersten Ecke des Hühnerwiemens[1] und gackerten aufgeregt durcheinander – geradezu erbost über diese ungewöhnliche nächtliche Störung. Die Schwachen aber, die sich dem festen Griff meines Vaters nur leicht protestierend ergaben, durften weiterleben. Ob das im Einklang mit der Evolution des Lebens stand, ist schwer zu sagen.

Zur gleichen Zeit verfrachtete ich gemeinsam mit meiner Mutter und der zwischenzeitlich kräftig mithelfenden Großmutter wahllos Hausrat auf das Bodenstockwerk. Noch hatten wir Strom. Noch brannte überall Licht. Aber wie lange noch? Schließlich wurde meine Oma gebeten:
"Mudder, nimm du man de Kinner mit, wü mogt hier wiider so lang as dat geiht!"

Auf unserem Grundstück stand noch ein weiteres Haus. Ein großer, zweistöckiger roter Klinkerbau. Eine Souterrainwohnung schaute in halber Höhe aus dem Boden heraus. Es folgten zwei komplette

---

[1] Hühnerwiemen: Sitzstangen für Hühner, bestehend aus einem auf ca. halber Raumhöhe angebrachten Lattengerüst. Hühnern benutzen diese taugliche Sitzgelegenheit gerne während der Nachtruhe.
Spaßig beschreibt man im Plattdeutschen zu dicht gedrängt sitzenden Menschen: Dee sitt doar up de Bank as de Hünner up'n Wiemen.

Wohnungen auf den jeweils darüber liegenden Stockwerken. Dieses Gebäude war erst in den 50ern wieder aufgebaut worden. Das Originalhaus hatte im II. Weltkrieg einen Bombentreffer bekommen. In diesem Haus wohnte mein Onkel Jan, der Hafenlotse, mit seiner fünfköpfigen Familie. Im zweiten Stock residierte meine Großmutter mit einem fantastischen Überblick über sämtliche Aktivitäten auf unseren Hof und Finkenwerder.

Ich sollte also ins Bett. Klar, immer wenn es gerade am spannendsten war, musste ich ins Bett! Immerhin wurde ich doch im nächsten Monat schon zehn Jahre alt!
Nur ein schmaler regennasser Pfad verband noch die beiden Häuser auf unserem Grundstück. Dunkelheit umgab mich, überall Wasser, wo kein Wasser sein sollte. Sturmböen von nie gespürter Intensität peitschten mit ohrenbetäubenden Geräuschen über unseren Hof! Halt, wir hatten meinen kleinen Bruder vergessen. Großmutter kehrte um und hielt wenige Augenblicke später ein kleines Bündel mit meinem Bruder im Arm.
Ich durfte in dieser ungewöhnlichen Nacht in Omas Bett schlafen. Grundsätzlich nicht schlecht, aber sie besaß einen Wecker der besonderen Art. Der stand stets in direkter Reichweite neben ihrem Bett. Ein riesiges Monsterteil. Zwei polierte Klingelglocken thronten auf der Oberseite. Das lumineszierende Ziffernblatt war bestimmt mehrlagig mit radiumhaltiger Leuchtfarbe RA226 bestrichen. Nächtens hätte man damit ohne Weiteres den Strahl einer kleinen Taschenlampe ersetzen können. Wäre alles nicht so schlimm gewesen, viel schlimmer war das Laufge-

räusch desselben. TICK-TACK-TICK-TACK! Daneben liegen und einschlafen konnte eigentlich nur einer, nämlich meine Großmutter.
Das war heute ein wirklich sehr aufregender Tag. Der kommende versprach nicht minder spannend zu werden. Zum zweiten Mal in dieser Nacht schlief ich erschöpft ein ...

*

Es wird nicht mehr lange dauern, dann gibt es weder Strom noch Telefon, Gas sowieso nicht, natürlich auch kein Leitungswasser. Abwasserentsorgung? Was für ein Hohn in dieser Situation. Die hier üblichen Sickergruben sind längst vollgelaufen und unbrauchbar. Hilfe wird nicht kommen können. Jeder kämpft in seiner eigenen, kleinen, zerstörten Welt. Dunkelheit, wohin man schaut. Um die Kohleöfen im Wohnzimmer und Küche braucht man sich nicht mehr zu kümmern. Das Flutwasser wird geradezu achtsam alle Feuerstellen löschen, und das Heulen und Wummern des Orkans wird dieses Katastrophenszenario passend konzertieren.

*

Mein Vater, Geburtsjahr 1917, hatte nach dem Abschluss der Mittleren Reife eine Lehre zum Fischräucherer absolviert. Danach stellte er sehr lange Zeit dem herrschendem Regime Lebenszeit zur Verfügung. Mit 20 Jahren wurde er zum Arbeitsdienst eingezogen, es folgte die übliche militärische Ausbildung. Ohne Pause überraschte ihn der Kriegsdienst mit einem Einsatz in Frankreich, später ging es an die russische Front. Unvermeidbar folgte die Gefangenschaft in Sibirien. Mit ca. 30 Jahren kehrte er völlig abgemagert mit einer Unterarmschussverletzung und einem inzwischen steifen Arm zurück nach Finkenwerder. Das Elternhaus war von einer verirrten Fliegerbombe zerlegt worden. Sein drei Jahre jüngerer Bruder Bernhard hatte die Gefangenschaft in Stalingrad nicht überlebt.
Der kleine Hof, eine Erbschaft meiner Großmutter, sollte zukünftig den Lebensunterhalt meines Vaters sichern.

Meine Mutter, zehn Jahre jünger, wuchs ebenfalls auf der Elbinsel Finkenwärder auf. Damals schrieb man den nördlichen Teil der Insel, *"de Hambörger Siet"*, noch mit einem "ä" und damals, bis Mitte der 60er Jahre, hatte die Insel auch noch eine richtige Insellage zwischen den Strömen der Norder- und der Alten Süderelbe, sowie dem Köhlfleet.
Nach der Beendigung ihrer Schulzeit folgte das übliche "Pflichtjahr" bei einem Bauern. Die weiterführende Ausbildung eines Fröbelseminars besuchte sie noch in Hamburg, aber dann führte der freiwillige Arbeitsdienst Helga ins ferne Pommern. Der Zweite

Weltkrieg hatte schon längst große Teile Europas in Schutt und Asche gelegt, als sie sich dann 1945 dem großen Flüchtlingsstrom des Ostens wegen der herannahenden Kriegsfronten anschließen musste. Ein junges 17-jähriges Mädchen, alleine zwischen den flüchtenden Massen panischer Menschen, die alle nur ein Ziel verfolgten, nämlich einen gangbaren Weg nach Westen zu finden. Schließlich konnte sie auf einen völlig überfüllten Lazarettzug aufspringen, der durch einen noch intakten Bahnhof fuhr. Ein Soldat hatte ihr seine helfende Hand gereicht mit den Worten: "Komm mit, Kind das ist der letzte Zug!" Nach nicht gezählten Tagen erreichte sie ihre zerbombte und verbrannte Heimatstadt Hamburg. Sie sei nach der Ankunft im nächtlichen Rest dieser Großstadt nur ihrer Nase gefolgt, immer die Elbe suchend, um für das letzte Wegstück eine Fährverbindung nach Finkenwerder zu bekommen. Nach einer finalen Übernachtung auf den Pontons der St. Pauli-Landungsbrücken konnte sie am nächsten Tag ihre Eltern im Focksweg auf Finkenwerder in die Arme schließen.
In der damaligen Praxis des alten Hausarztes Dr. Homann hat sie dann später meinen Vater Ewald kennen gelernt, der wegen seiner Kriegsverletzung regelmäßig zum Verbandswechsel die Arztpraxis hatte aufsuchen müssen. Die beiden heirateten im Februar 1950 und bezogen die Souterrainwohnung an der Wiet auf Finkenwerder.

Drei Kinder wurden geboren. Seit 1952 gibt es mich, es folgte 1955 meine Schwester und schließlich erblickte mein Bruder 1960 das Licht der Welt.
Jeder zurückgelegte Groschen wurde in Gebäude

und Maschinen investiert. Der breitbandige Anbau diverser Früchte plus späterer intensiver Tierhaltung forderte sieben Tage in der Woche ständigen Arbeitseinsatz. Der Verkauf der eigenen Erzeugnisse am Samstag auf dem Wochenmarkt war der Höhepunkt der Woche.

Wie ich später aus den Erzählungen meiner Eltern erfuhr, standen die beiden bereits Augenblicke nach dem Weggang der Großmutter schon bis zu den Knöcheln im eiskalten Elbwasser. Die Fluten schienen alle Ritzen des Hauses zu kennen. Von überall drückte Wasser herein. Das Licht ging aus. War zu erwarten. In der zweiten Schublade von oben, im Küchenschrank, lag ein Bündel Kerzen. Die Streichhölzer waren glücklicherweise noch trocken. Mein Vater wuchtete den riesigen Fernsehapparat auf die Bodenetage. Er hatte sich dieses Schmuckstück zur Fußballweltmeisterschaft 1958 sozusagen vom Munde abgespart.
Die Bodentreppe war steil und eng. Manche vermeintlich rettenswerte Dinge gingen jetzt bei verständlicher Hektik zu Bruch und versanken unauffindbar in der schlammigen Flut. Der Pegel stieg unaufhaltsam. Die bisher aufgebaute materielle Existenz drohte sich in einer einzigen Nacht aufzulösen. In den erst wenigen gemeinsamen Jahren hatten sie doch schon so viel geschafft. Und jetzt das!

Die ersten Möbelteile verloren bereits ihre Bodenhaftung, schwammen auf und bewegten sich wie von

Geisterhand getrieben im dünnen flackernden Kerzenlicht. Es wäre dringend geboten gewesen, sich um die eigene Rettung zu bemühen, aber die Dimension Zeit hatte sich zwischenzeitlich längst unbemerkt aufgelöst.

Meine Eltern wateten gegen den steigenden Wasserdruck zum Hauseingang. Angestautes Wasser drang mit hoher Fließgeschwindigkeit in den Flur. Der Wasserpegel war bereits hüfthoch angestiegen. Aus dem keine 50 Meter entfernten, rettenden Haus meines Onkels war nur noch eine düstere Silhouette übrig geblieben. Meine Eltern schrien sich verzweifelt Mut zu, der von den tosenden Geräuschen des Orkans zu unverständlichen Wortfetzen verstümmelt wurde. Halb laufend, halb schwimmend, starteten sie den einzig möglichen Kurs. Eine völlig ungeordnete Wasserströmung, die heute Nacht über unbekanntes Terrain gezwungen wurde, versuchte erbarmungslos, den beiden das Weiterkommen unmöglich zu machen.
Die Wasserfluten waren selbstverständlich kein wohl temperiertes Badewasser. Es war schließlich Winter und bei der eisigen Flüssigkeit handelte es sich vielmehr um eine ungute Melange aus modrigem Süß- und Brackwasser, Erdreich, Holzteilen jedweder Form und Art, Ölverschmutzungen, Grasbüscheln, Bäumen und Büschen, aber auch aus Teilen, die normalerweise nicht schwimmen konnten und einfach nur vom Wasserdruck mitgerissen wurden. Natürlich waren auch bereits Tierkadaver unterwegs, denn allein die komplette Kleintierwelt der Mäuse und Ratten verlor gerade ihr Leben.

Auf halben Weg wandten meine Eltern einen kurzen Blick zurück auf ihr schwer geprüftes Heim .... mein Gott! Im Wohnzimmer brannte noch eine letzte, wohl vergessene Kerze. Sie schwabbelte auf ihrem Kerzenhalter direkt unterhalb der Gardinenpracht des großen Wohnzimmerfensters. Würde diese kleine Lichtquelle noch ein wenig länger durchhalten, dann wären die noch trockenen Gardinen bald gutes Brennmaterial. Oberhalb derselben warteten bereits die Holzdecke und das reetgedeckte Dach. Sollte des wenig Gerettete, sollte der erst vor knapp zehn Jahren umgebaute Stall zu ihrem Wohnhaus jetzt auch noch in Feuer und Rauch aufgehen?
Am Rand des noch intakten Fensterglases konnten sie im flackernden Kerzenschein zahlreiche Ratten beobachten, die um ihr Leben kämpften und versuchten, sich an den Vorhängen emporzuangeln. Kraftlos fielen manche wieder herunter und ertranken vermutlich. Ihr panisches Gefiepe hörte niemand. Nur wenige Augenblicke später war kein Licht mehr zu sehen. Zumindest diese Gefahr schien überstanden.
Das Wasser war glücklicherweise schneller als das Feuer!
Die massive Willenskraft meiner Eltern ließ diesen Lauf von Haus zu Haus erfolgreich enden. Beide erreichten völlig entkräftet den Treppenaufgang zu unserer "Rettungsinsel". Meine Mutter gestand später, dass sie die überlebte Querung durch das vermutlich kaum 5°C kalte, zum Schluss brusthohe, reißende Flutwasser ohne meinen Vater nie und nimmer überlebt hätte. Ihre Räumversuche im gefluteten Haus seien wohl zu spät beendet worden!
Der Flutpegel stieg unaufhaltsam weiter und erreich-

te seine finale Höhe knapp unterhalb der Zimmerdecke meines Elternhauses. Damit wurde auch das erste Stockwerk unserer gefühlten Arche Noah meines Onkels auf Türdrückerhöhe vollgespült. Aber es gab ja noch das nächsthöhere Stockwerk meiner Großmutter, auf dem zwischenzeitlich beide Familien Unterschlupf gefunden hatten. Wäre das Wasser unbarmherzig weiter gestiegen, hätte sich noch unter dem Gebälk des Daches ein kleiner Spitzboden als Fluchtraum vor den Fluten angeboten.

Ich schlief derweil schon längst tief und fest unter der weichen Daunenbettdecke meiner Großmutter, trotz und vielleicht auch wegen des monströsen Weckers auf ihrem Nachtschränkchen.

Eine neue Lage

Samstag, der 17. Februar 1962

Gedämpfte Stimmen drangen an mein Ohr. Windböen erzeugten andere Geräusche, als die mir eher vertrauten Melodien unter meinem Reetdach. Ein hartes TICK-TACK-TICK-TACK in direkter Nähe meines Kopfes war fremd und doch irgendwie bekannt. Ich schlug die Augen auf. Das Bett meiner Großmutter war kuschelig warm. Richtig! Der Sturm gestern war ein großes Abenteuer. Ich sprang aus dem Bett und rannte zum Fenster. Wasser! Überall nur Wasser! Mein Elternhaus war reduziert auf eine kleine Insel in einem Meer ohne Namen. Das Reetdach schien gerade eben trocken geblieben zu sein. Hatte das Wasser auch den Weg in mein Kinderzimmer gefunden? Und was war hier? Der Flutpegel endete etwa 2,5 m unterhalb meiner Fensterbank, auf der ich mich gerade vorbeugte. Hier oben schien alles trocken zu sein. Es war kalt im Zimmer! Schnell zog ich mir etwas über und rannte in die *Gute Stube* meiner Großmutter. Full house sozusagen. Mein Vater, meine Mutter mit meinem Bruder Jörn auf ihrem Arm, Onkel Jan, Tante Lotte, mein Cousin Heino mit seiner Schwester Karina und mittendrin meine Oma. Meine Schwester Annette fehlte. Ach richtig, die war ja noch im Krankenhaus. Aber mein Cousin Uwe fehlte auch.

*

Wie sich erst später herausstellte, hatte Uwe noch versucht, nächtens, nach seiner abgebrochenen Schichtarbeit auf der Deutschen Werft, den Weg nach Hause zu finden. Offensichtlich genau zu der Zeit, als ich ins Bett geschickt wurde, war er mit seinem Moped in unsere Straße eingebogen. An der "Langen Wiet", so nannten wir ein schnurgerades Teilstück von nicht einmal 200 Metern Länge, war die Straße bereits völlig geflutet. Unglaubliche Wassermassen ergossen sich aus den dunklen Obsthöfen kommend auf seinen Weg.
Zu diesem Zeitpunkt drang die Sintflut noch nicht durch die bald berstenden Deiche ins Hinterland, sondern strömte über den westlichsten Zipfel der Insel, über das Flugplatzgelände und Westerdeich hinein in das viel tiefer gelegene Marschland mit seinen Hunderten von Wassergräben.
Uwe wendete umgehend, fuhr den völlig düsteren und jetzt durchaus bedrohlich gewordenen Weg zurück und fand Rettung auf der Warft des nächsten Gehöfts.

*

Auch hier, in der *Guten Stube* war es kalt. Die Wetterlage vom Vortag sollte heute noch so bleiben. Eigentlich war jetzt, sechs Stunden später, gerade Ebbe. Der Wasserstand bei uns war wohl auch etwas gefallen, blieb dann aber stehen und stieg sogar wieder an. Nicht nur wir waren gefangen, die verirrten Wassermassen offensichtlich auch. Die Deiche funktionierten jetzt anders herum. Sie verhinderten den herbeigesehnten Abfluss.

Bild: PRIVAT

Eine Aufnahme vom Auedeich am frühen Nachmittag des 17. Februars 1962. Das Inselinnere füllt sich mit der zweiten Tide noch einmal.

*

Deiche brechen nicht einfach wie Tortenstücke aus ihrem Verbund heraus. Teilstücke können kollabieren, das hineinströmende Wasser reißt das Loch dann breiter und tiefer. Wenn hohe Reststücke stehen bleiben, wird das Wasser bei einsetzender Ebbe dort auch nicht gänzlich wieder zurückfließen können. Man müsste also den Damm bis zum Grund aufgraben, um den kompletten Rücklauf des Wassers aus einem Ringdeich wie in Finkenwerder zu ermöglichen. Das ist natürlich nicht die erste Wahl, da bei einem neuerlichen Pegelanstieg das nächste noch so kleine Hochwasser dann völlig "freie Bahn" hätte.

*

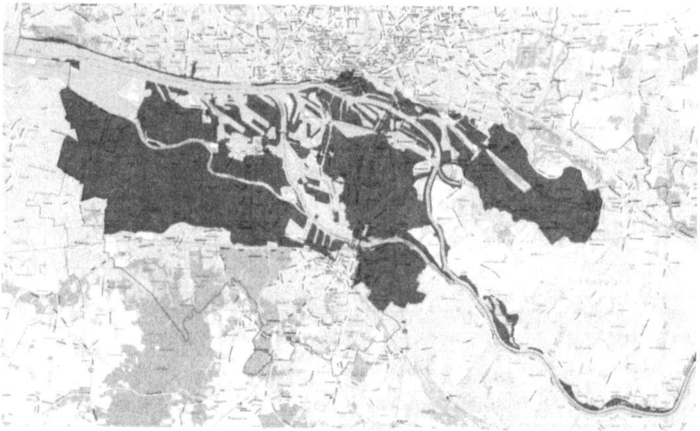

Quellenangabe: wikipedia.org NordNordWest, dl-de/by-2-0

Die *Überflutungssituation* der "Dritten Meile", Finkenwerders und des Hafengebietes.

Wir saßen also in einer vollgelaufenen Badewanne. Eingeschlossen. Nichts ging mehr. Essen und Trinken? Ich erinnere mich nicht daran. Vereinzelt donnerten Sturmboote der noch jungen Bundeswehr vorbei und schredderten ihre Antriebspropeller an den verborgenen Zäunen, Pfosten und Mauerresten des undurchsichtigen Flutwassers. Mein Bruder wurde demonstrativ aus dem Fenster gehalten, um den jungen Soldaten anzuzeigen, dass wir dringend Hilfe in Form von Nahrung, im Besonderen eben Kleinkindnahrung benötigten. Hubschrauber brausten über unsere Köpfe hinweg, und brachten vermutlich Versorgungsgüter jedweder Art für die direkt am Deich lebenden Menschen. Leider aber nicht zu uns. Wir im Hinterland waren total abgeschnitten. Im Wasser konnten die Drehflügler natürlich nicht landen. Genauso hilflos waren auch die Lastwagen, die die versunkenen Straßen nicht finden konnten. Sturmboote blieben vorerst das einzige Tor zur Außenwelt.

Unsere Wohnsituation unterschied sich schon längst nicht mehr wesentlich von der erst gestern beobachteten Lage im Flüchtlingsdurchgangslager. Auch wir lebten jetzt mit vielen Menschen auf engstem Raum. So schnell kann es gehen! Die Toilette im Bad der Großmutter funktionierte natürlich nicht. Was sollten wir machen, wir setzten uns mit heruntergelassener Hose auf die Fensterbank, und dann ... ein zartes, zeitlich verzögertes Klatschen und die Notdurft versank hoffentlich für immer in diesen nicht gewollten Fluten.

De Ieskohn

Vielleicht schon an diesem Tag, vermutlich aber erst am nächsten, dem Sonntag, brachte uns Peter, ein Freund meines Vaters, "den Ieskohn vörbi". Die seit ihrer Kindheit befreundeten Männer waren auch Jagdfreunde und besaßen zwei Ruderboote zur Ausübung ihrer gemeinsamen Leidenschaft. Im Winter benutzten die Jäger den Eiskahn. Er hatte höhere Seitenwände und war geradezu eine Leichtbaukonstruktion, denn er sollte ja nicht nur auf der Elbe schwimmen, er musste auch über unpassierbare Eisflächen gezogen werden können. Die Rumpfflächen unterhalb der Wasserlinie und etwas darüber waren deshalb durch Blechverstärkungen geschützt. Die Farbe: natürlich ein dreckiges Weiß. Eine gute Tarnfarbe für Fahrten zwischen den Eisschollen auf der winterlichen Elbe und damit ein guter Jagdkahn. Den anderen grün gestrichenen Kahn benutzte man in den restlichen freigegebenen Jagdsaisons.

Peter ruderte mit gleichmäßigen Zügen, vom Deich kommend, auf geradem Weg direkt zu uns. Im Schlepptau "den Ieskohn". Vermutlich brachte er auch noch wichtige Versorgungsgüter und Nachrichten über den Katastrophenhergang für uns mit. Der Eiskahn wurde an das Fensterkreuz der unter uns liegenden Wohnung meines Onkels gebunden, und ab sofort konnten wir nun jederzeit selbst auf Versorgungstour gehen. Irgendwann ergatterten wir auf einer dieser Ruderfahrten einen kleinen grünschwarzen Blechofen, der vermutlich mit Petroleum genährt wurde und nicht nur etwas Wärme erzeugte, sondern bestimmt auch für einfache Nahrungszubereitungen eine herbeigesehnte Hilfe war.

*

Es war Samstag. Eigentlich der Tag der Woche, an dem meine Eltern ihre Waren auf dem Wochenmarkt anboten. Von uns aus gesehen nur fünf Kilometer entfernt, im Focksweg in direkter Nachbarschaft zu den Finkenwerder Landungsbrücken, wohnte mein Großvater Karl in einer Mehrfamilienblockwohnung. Er hatte schon bald nach dem Tod meiner Großmutter eine neue Lebenspartnerin gefunden. Tante Paula. Also gab es ab diesem Zeitpunkt eben nur noch Opa und Tante Paula. Dass diese beiden Bezeichnungen eigentlich so nicht zusammengehörten, also Opa und Tante, fiel uns Kindern nicht weiter auf.
Da es Samstag war, machte er sich wie gewohnt stadtfein: Weißes Hemd, Krawatte, grauer Anzug, grauer Mantel, setzte seinen grauen Filzhut auf und spazierte wie gewohnt entspannt die 200 Meter bis zum Finkenwerder Wochenmarkt, um seine jüngste Tochter, also meine Mutter, zu besuchen. Spätestens zu dieser Uhrzeit hatten immer alle Händler ihre Stände aufgebaut, und quirliges Drängeln und Schieben bestimmte das Treiben auf dem zentralen Platz. Heute war, abgesehen von dem immer noch wütend heulenden Sturm, Totenstille. Keine Händler. Keine Kunden. Nichts! Aber es war doch Samstag! Strammen Schrittes ging er wieder zurück in seine Wohnung und bestellte sich ein Taxi. War etwas passiert? Schlechtes Wetter war doch noch nie

ein Grund gewesen, den Wochenmarkt ausfallen zu lassen. Er musste unbedingt an die Wiet! Wo waren denn eigentlich die anderen Händler? Das Taxi ist wohl auch kurze Zeit später erschienen. Als mein Großvater die Zieladresse nannte, schüttelte der Fahrer fragend den Kopf.
"De sünd al afsopen! Doar is nur noch Woter!"
Opa Karl bestand auf die Beförderung zur genannten Stelle. Der Taxifahrer soll ihn bis zum Rand des Norderdeichs gefahren haben, also eigentlich nur ein paar Meter weiter. Dann hob er wortlos den Arm und zeigte auf die versunkenen Häuser im Flutwasser des Deichkessels von Finkenwerder.
Alleine die Insellage inmitten des Elbestroms zwang den Bewohnern den gekonnten Umgang mit Wasser geradezu auf. Die tägliche Auseinandersetzung mit Ebbe und Flut war Normalität. Die von Sturmfluten ausgehenden Gefahren kannte jeder Küsten- und Elbbewohner. Und trotzdem, ... der Anblick dieser Katastrophe muss meinen Großvater tief getroffen und wohl auch verändert haben.

*

Mein Großvater hatte elf Geschwister. Sein Vater war Fischer. Von den sieben Jungs fuhren drei seiner Brüder ebenfalls zur See. Wurden Seefischer wie der Vater. Einer von ihnen, Martin, kehrte mit seinem Kutter HF 250 von seiner Fangfahrt im Jahre 1951 nicht mehr zurück.
Finkenwärders Fischereiflotte hatte gemäß einer Zählung im Jahre 1888 einen Umfang von immerhin 186 Schiffen. 1910 war die Flotte auf nur noch 95 Kutter und Ewer geschrumpft. Ungewöhnlich viele

gingen in diesen 23 Jahren auf See verloren. Der Umgang mit Verlust und Tod gehörte zur harten Realität dieser verwegenen Männer und ihrer Familien. Immerhin waren 13 Kutter und Ewer in der Zeit von etwa 1880 bis 1985 im Besitz der Woldmanns. "Veer dovon sünd bleben!"

Wie konnte es passieren, dass der größte Teil Finkenwerders im Chaos versank, während ein anderer Teil der Insel, dort, wo mein Opa sein Zuhause hatte, die Bewohner die Orkanböen lediglich als unangenehm laut empfanden?
Dazu habe ich verschiedene topographische Karten zur Rate gezogen, um mir selbst eine mögliche Erklärung der Geschehnisse zu erleichtern. Es soll mitnichten eine wissenschaftliche Aufarbeitung sein, bringt uns aber vielleicht das Verständnis für die Besonderheit der Geschehnisse auf Finkenwerder etwas näher.
Der Ring aus Deichen um unsere Insel herum hatte seinerzeit eine Höhe von in Teilen gut fünf bis sogar sechs Metern. Der maximale Pegelstand in dieser Flutnacht wurde mit 5,70 m NHN festgestellt (NHN = Normalhöhennull des Amsterdamer Pegel – mittlerer Wasserstand der Nordsee). Damit konnten große Strecken der Deiche überspült werden.

Die Möglichkeit des Überspülens der Deichkrone muss bei seiner Auslegung dringend vermieden werden, da das fließende Wasser die wichtige, weil schützende Grasnarbe zerstört, und folgenschwer damit beginnt, auf der normalerweise steileren Rückseite des Deiches und im Deichfuß große Mengen tragendes Material herauszuschwämmen. Durch

diese gefährlichen Schwächungen kann ein Schutzdeich natürlich an Stabilität verlieren und die Möglichkeit eines Bruches wird wahrscheinlicher. Zusätzlich waren wohl in der Vergangenheit auch vereinzelt die gebotenen Deichpflegearbeiten sträflich vernachlässigt worden. Bauten oder Pflanzungen *an* oder gar *in* die Schutzdeiche hinein belasteten seine Statik nicht nur zusätzlich, sonder auch völlig unnötig.
Das komplette nördliche Vorland vor dem Neßdeich und dem Norderdeich wurde Anfang des 20. Jahrhunderts mit Baggergut aus der Elbe aufgeschüttet. Vormals waren dort nur Schallen, also Wiesen und Watt, die den wechselnden Gezeiten ausgesetzt waren. Drei Entwässerungskanäle[2] halfen bei der Entstehung eines neuen, guten Baugrundes, auf dem dann später mächtige Industrieanlagen und Wohnsiedlungen Platz fanden. Als Beispiele seien genannt die Deutsche Werft, die dazugehörenden Werftsiedlungen und die U-Boot-Bunker-Anlagen von Fink I+II.

Gleiches passierte etwas später, Anfang der 1930er Jahre, mit dem westlichen Ufer Finkenwerders. Das sumpfige Gelände des Neßhakens wurde begradigt, aufgeschüttet und befestigt.

---

[2] Die drei Entwässerungskanäle im Norden der Insel von West nach Ost: Neßkanal, Rüschkanal und Steendiekkanal. Der westlichste Kanal (Neßkanal) wurde später im Zuge von Werks- und Startbahnerweiterungen der Flugzeugwerft wieder komplett zugespült.

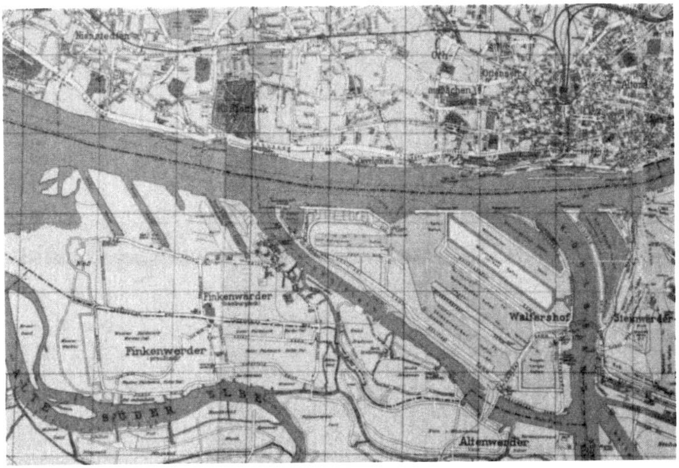

Quellenangabe: X_377-3780 "bildarchiv-hamburg.com"

Finkenwä(e)rder ca. 1925

Auf diesem Gelände in Deichhöhe des Westerdeichs und des angrenzenden Neßdeichs entstand eine große landwirtschaftlich genutzte Fläche für die Finkenwerder Bauern. Das westliche Randgebiet dieses Neulands, direkt an der Elbe, wurde in der Zeit von 1936 bis 1940 mit Industrieanlagen für die Fertigung von Wasserflugzeugen und Flugbooten bebaut. Ein schützender Hafen, in dessen Becken die Flugzeuge abgesetzt werden konnten, entstand an der nun neu geformten Nord-Westspitze der Insel. Die angrenzende Wasserfläche wurde ausgebaggert und es ergab sich ein verändertes Süßwasserwatt an der Mündung der Alten Südererelbe in die breite Unterelbe. Der Name *Mühlenberger Loch* blieb erhalten, und es entstand eine Bucht mit einer geradezu idea-

len Start- und Landefläche für den Flugbetrieb der Flugboote auf der Elbe.
Alle künstlich entstandenen Flächen des ehemaligen Vorlands wurden an die topographischen Höhen der angrenzenden Deiche grob angepasst. Das Areal in direkter Nähe des Fähr-Anlegers, der Gorch-Fock-Halle und des Wohnblocks der Baugenossenschaft am Focksweg, also dort, wo mein Opa lebte, erreichte in Teilen aber ein geringfügig höheres Niveau von ca. sieben Metern. Da das Flutwasser aber nicht höher als 5,70 m über Normalhöhennull anstieg, blieb dieses Gebiet in der Katastrophennacht glücklicherweise trocken.
Der Umstand, dass die erfolgten Druckentlastungen nach den schweren Deichbrüchen in Finkenwerder und der Dritten Meile ein weiteres Steigen des Pegels und damit auch ein Überfluten dieses letzten trockenen nordöstlichen Zipfels der Elbinsel verhindert hat, ist ebenso gut vorstellbar.
Und wenn ich schon einmal so eine topographische Information in den Händen halten darf, dann möchte ich noch schnell hinzufügen, dass mein Elternhaus ca. ein bis zwei Meter über N.N. platziert ist. Die Warft unseres Nachbarn erhebt sich noch etwa vier Meter über dem Marschboden hinaus und hat damit nahezu das Höhenniveau des in Sichtweite stehenden Süderdeichs. Das darauf stehende Bauernhaus wurde aber trotzdem noch leicht überflutet. Etwa ein halber Meter Wasserhöhe konnte auf der Hinterdiele gemessen werden.
Unsere acht Schweine blieben mit trockenen Pfoten auf dem Hänger stehen. Unser dort geparkter VW-Käfer hatte nasse Fußmatten.

Tage des Wartens

Sonntag, 18. Februar 1962

An diesem Tag hatte sich die großräumige Wetterlage grundlegend verändert. Das Sturmtief war weitergezogen. Auf seiner Rückseite floss nun kalte Polarluft ein und bescherte uns eine längere Frostperiode, die sogar teilweise zu einer geschlossenen Eisdecke führte. Ich erinnere mich noch genau an unsere so fremdartig geschmückten Obstbäume. Im Geäst klammerten sich Massen von Grasbüscheln und Holzstückchen, wie in einem mit Lametta verunzierten Weihnachtsbaum. Und jetzt, nach der kalten Nacht, waren die Äste zusätzlich umkreist von tellergroßen dünnen Eisplacken. Das Wasser war wieder etwas gefallen und hatte Gefrorenes in luftiger Höhe alleine zurückgelassen. Alle Eisplacken hingen wie mit einem Lineal gezogen auf gleicher Höhe. Das wäre eigentlich ein faszinierender Anblick gewesen, wenn man denn in dieser Situation überhaupt Augen dafür gehabt hätte. Meine Eltern und ich standen bei meiner Oma am Fenster, und wir blickten mit völlig verschiedenen Gedanken auf unser so fremdes, geradezu um Hilfe schreiendes Haus. Ich vermisste meinen kleinen Schuco-Laster vom letzten Weihnachtsfest. Zuletzt hatte ich mit ihm noch am Freitagabend, nach unserer Verkaufstour, intensiv im Wohnzimmer gespielt. Meine Eltern vermissten ihre komplette Existenz. Sie mussten wieder von vorne anfangen. Versicherungen gab es für solch eine Naturkatastrophe nicht.

*

In diesen Tagen bei meiner Großmutter, auf engstem Raum mit zahlreichen Menschen, entstand für mich nie das Gefühl von Bedrohung, von gefährdet sein, von Not oder gar von Stress. Offensichtlich war die Generation vor mir unglaublich geübt und vertraut im Umgang mit solchen Tiefschlägen. Man machte eben weiter. Fing noch einmal von vorne an. Man hatte überlebt! Auch mit meinem heutigen Blick zurück erinnere ich nur aufregende Kindergefühle von Abenteuer und prallem Leben. Die Schule fiel aus, ungeplante Ferien also! Gut!

*

Jetzt, wo der Kahn unsere Beweglichkeit stark verbesserte, konnten wir uns endlich um unsere Tiere kümmern. Hatten wir denn überhaupt noch lebende Tiere? Nun, wie bereits erwähnt, den Schweinen ging es vermutlich saugut. Korrekterweise müsste ich schreiben, ich habe sie nie wieder nach diesem Nachttransport gesehen. Vielleicht blieben sie vorerst bei unserem Nachbarn im Kuhstall auf der hoch gelegenen Warft, denn das Bauernhaus selbst war durch seine besondere Lage bereits wieder trocken gefallen. Bei uns blieb es zunächst einmal bei dem Zustand "versunkenes Land!" Unsere Stallungen wären ohnehin selbst nach einem Wasserrückgang zunächst völlig unbrauchbar gewesen und hätten erst wieder instand gesetzt werden müssen. Der herbeigesehnte Zustand, wieder mit trockenem Fuß auf unserem Grundstück laufen zu können, würde vermutlich noch ein paar Tage auf sich warten lassen.

Glücklicherweise hatten wir auf unserem Hof mehrere zweistöckige Stallungsgebäude. Der größte Teil war erst vor zwei Jahren gebaut worden. In einem dieser Stallungen hatte mein Vater im oberen Stockwerk die mühsam geretteten Hühner zurückgelassen. In einem anderen zog er gerade ca. 100 Eintagsküken auf, die erst kurz vor der Flutkatastrophe das Licht ihres zeitlich beschränkten Hühnerlebens erblickt hatten. Diese kleinen flauschigen Tiere benötigten nicht nur Wasser und Futter, sondern im Besonderen sehr viel Wärme. Eigens dafür standen unter der Zugangstreppe dieses Nebengebäudes zwei fast mannshohe rote Propangasflaschen, die einen riesigen Heizschirm in der Einstallung der Küken befeuerten.
Wir ruderten mit dem Boot hinüber und stellten mit Erstaunen fest, dass hier alle Tiere überlebt hatten. Die Einstreu aus Sägespäne war zwar von unten etwas feucht geworden, aber die letzten entscheidenden Zentimeter waren trocken geblieben. Die so wichtige Heizung lief verlässlich auf der korrekt vorgewählten Temperatur. Ein Blick auf die dafür verantwortlichen Gasflaschen ließ uns allerdings erschauern. Sie dümpelten waagerecht liegend auf den Schlammfluten. Ihr einziger Halt war das dünne, braune Kupferrohr, welches zu der Kontrollapparatur an der Hauswand führte. Die Rohrverbindung war bereits völlig krumm und verdreht, aber sie hielt

noch. Die steigende Wasserflut hatte die Flaschen wohl achtsam aufschwimmen lassen, jetzt konnten wir nur noch hoffen und beten, dass der hoffentlich bald sinkende Wasserstand sie ebenso sanft wieder absetzen würde. Über die Möglichkeit, dass diese dünnen Verbindungsrohre Leck schlagen oder gar brechen könnten, wurde besser nicht weiter nachgedacht.

Die nächsten Tage dieser Woche

In den nächsten Tagen dieser Woche machten mein Vater und ich weitere Ausfahrten mit "den Ieskohn" durch Finkenwerder. Wir ruderten zum Süderdeich und hörten schlimme Geschichten über die fünf massiven Deichbrüche auf der Insel. Der größte Bruch war wohl am Westerdeich, wenn man so etwas denn überhaupt qualifizieren oder quantifizieren möchte. Dann gab es zwei Brüche am Süderdeich und zwei weitere am Auedeich. Die Deichbewohner selbst hatten, zumindest außerhalb des eigentlichen Schutzwalles, wieder trockenes Land vor Augen. Die momentane Umkehrung, also hinter sich Wasser zu haben und vor dem Deich freies Land, war für viele gewöhnungsbedürftig.
Das nachfolgende Bild zeigt unsere Anlandung an der Warft von August F. Der Cousin meines Vaters wohnte nur wenige hundert Meter von unserem Haus entfernt. Unabhängig vom Straßenverlauf ruderten wir einfach querfeldein. Von einem Ort zum

nächsten Ziel! Das machte mir mit meinen knapp zehn Jahren natürlich riesigen Spaß. Ruderten?

Bild: PRIVAT

Vater und Sohn auf Erkundungstour durch Finkenwerder.

Genau genommen benutzte mein Vater nur einen einzelnen Riemen. Den steckte er durch ein Öffnung in der Rückwand des Bootes und wriggte[3]. Auf dem Bild erkennt man meinen verzweifelten Versuch, es ihm gleichzutun, aber diese Fortbewegungsmethode konnte ich leider nie richtig verinnerlichen.

[3] wriggen: Durch zweiseitiges Schneiden des Wassers mit einem über das Heck gelegten Riemen ein Boot vorwärtstreiben (wie der Biber schwänzelt).

Quelle: Seefahrt ist Not! Gorch Fock

Diese Ruder-Technik hatte den Vorteil, dass man nicht unnötig viel seitlichen Freiraum beanspruchte, so wie bei der Verwendung von zwei Ruderriemen. Gerade auf der Jagd, im oder am Schilf, war das sehr empfehlenswert. Auf unserer Fahrt quer durch die Obsthöfe, vorbei an den geradezu wie Wasserpflanzen aussehenden Apfelbäumen, war das eine sinnvolle Fortbewegung.

Äkschen

Vermutlich Mittwoch

Das Wasser war zurückgegangen. Die Gräben blieben aber noch bis zum Bersten gefüllt. Man konnte seit wenigen Stunden endlich wieder den Weg vom Haus meines Onkels bis zu unserem Haus trockenen Fußes laufen. Wie eine braune Schutzschicht hatte der Schlamm im Inneren unseres Heimes alles umarmt. Türen, Fenster, Tapeten, die komplette Küche, den Boden, die Möbel ... überall nur brauner, stinkender Schlamm, Dunkelheit und Nässe. Die Möbel im Wohnzimmer lagen kreuz und quer übereinander. Trotzdem sah nichts nach plötzlicher Gewalt aus, so wie nach einer Explosion oder gar nach einem Brand. Der "Stubenschrank" war vom eindringenden Wasser offensichtlich sanft aufgeschwemmt worden, und ist dann wohl langsam seitlich ins dämpfende Wasser umgekippt. Die dort drinnen aufbewahrten Gläser und das gestapelte Geschirr hatten keinen Schaden genommen. Tage später schien alles wieder sanft auf dem Boden abgesetzt worden zu sein. Das Furnier der Schrankwände löste sich vom aufgequollenen Holz. Die Polsterungen der grünen Sessel hatten den widerlich braunen Schlamm zentimeterdick in sich aufgesogen. Die Gardinen waren teilweise abgerissen, weil sie dem Gezerre der Schlammlast nicht mehr Herr geworden waren. Gardinenbretter und Bücher lagen an nie vermuteten Stellen. Lediglich die Musiktruhe, gefüllt mit den schweren alten

Schellack-Schallplatten, stand an vertrauter Stelle in der hinteren Ecke des Wohnzimmers.
Es fehlten nur wenige Zentimeter, dann hätte das Wasser auch das darüber liegendes Kinderzimmer überflutet. Glück gehabt. Der von meinen Eltern gerettete Hausrat stand wohlbehalten auf der Bodenetage.
Wo sollte man jetzt zuerst anfangen ...

Der Anblick des Hühnerstalls war ein schieres Grauen. Nun, der Stall selbst natürlich nicht, der war nur verschlammt, sondern das, was meine Augen zu sehen bekamen, als wir die Tür geöffnet hatten. Sehr übel! Überall Tierkadaver, Hühner, die ihrer möglichen Rettung davon geflattert waren. Alle lagen jetzt kreuz und quer durcheinander, übereinander, wie verknotet, die Flügel weit ausgestreckt, die Köpfe verdreht, überzogen mit Schlamm und Morast. Ihre Legenester umgefallen. Gestank, Verwesung und Feuchtigkeit überall.

Qualmende Dampfblasen

Die Tiere die überlebt hatten, verlangten dringend frisches Futter. Mein Vater holte den Trecker zurück von der schützenden Warft unseres Nachbarn.
"Wü hebt ken Futter mier. Dat nützt nu all nichts, wü möt mohl gau wat von de Hambörger Siet holen!"

Die Wiet schien frei zu sein von Wasserfluten. Aber es gab vielleicht doch noch tiefer gelegene Stellen, die uns auf unserer Fahrt Probleme bereiten könnten. Mein Vater lud noch schnell einen Staken auf den Hänger, und schon tuckerten wir beide los. Ein Staken ist eine lange dicke Stange. So etwas hatten wir bisher noch nie zum Einkaufen mitgenommen.
Wir mussten gar nicht lange fahren, da drohte die Reise ins Unbekannte bereits ihr frühes Ende zu finden. Das schon einmal erwähnte Teilstück der Straße, die "Lange Wiet", hatten wir gerade erreicht, als sich vor uns eine riesige, hartnäckig verbliebene Wasserfläche auftat. Dieser Bereich der Elbinsel war wohl der tiefste Punkt derselben. Während das Marschland im Mittel ein bis drei Meter hoch ist, liegt dieses Stück der Wegstrecke vielleicht noch einmal 50 bis 60 cm tiefer als unser Hof. Vor uns also nur Wasser, dazwischen die mit Gras, Holz und Unrat behängten Apfelbäume. Nun, die "Lange Wiet" kannte ich eigentlich ganz gut. Tausendmal gefahren. Natürlich nur mit dem Fahrrad. Eine schmale einspurige, völlig gerade Straße. Auf beiden Seiten lauerten Wassergräben. Weder der Weg noch die Gräben waren unter Wasser zu orten.
Es erfolgte ein Fahrerwechsel. Ich setzte mich auf den Fahrersitz des Schleppers, mein Vater holte den Staken und setzte sich breitbeinig auf die Motorhaube. "Nimm den zweiten Gang!" Ich fuhr los und steuerte etwa dorthin, wo vermutlich die Straße war, wenn sie denn überhaupt noch da und nicht weggespült war. Mein Vater führte den Staken wie einen Blindenstock von links nach rechts und wieder zurück. Gab entsprechende Lenkanweisungen. Wir waren auf Schleichfahrt. Die sich gemächlich drehen-

den Vorderräder verschwanden langsam im abgestandenen Flutwasser. Der Auspuff tat es ihnen gleich, wehrte sich aber mit verwegenen Geräuschen, blubberte und fauchte wütend, bis er gänzlich untertauchte und qualmende Dampfblasen dem Wasser entkamen. "Lass den Motor nicht ausgehen. Hier können wir ihn nicht mehr neu starten!" Es dauerte nicht lange, da hatten wir diese Untiefe gemeistert. Der restliche Straßenverlauf zum Zielort war glücklicherweise unproblematischer.

Wir müssen auf dieser Inselfahrt durch viele massiv zerstörte Bereiche gefahren sein. Ich habe davon aber bedauerlicherweise keine lebendigen Bilder abspeichern können!

Die Freude war groß, bei unserem Händler am Auedeich ausreichend frisches Futter kaufen zu können. Zufrieden traten wir umgehend die Rückreise an. Am besagten Teilstück unserer Wiet erfolgte der erwartete Fahrerwechsel. Ich benutzte den bereits bewährten zweiten Gang und folgte den Anweisungen meines Vaters für diese Blindfahrt. Dieser saß an einer mir nun schon fast vertrauten Stelle auf der Kühlerhaube. Der maximale Wasserpegel benetzte gerade das Gehäuse der Hinterachse des Güldners, und dann war auch diese zweite Amphibientour wieder geschafft, und wir brausten den kurzen verbliebenen Weg nach Hause. Restliche Wassertropfen flogen nach allen Seiten und zerstobenen im Fahrtwind. Was für ein Abenteuer!

Bild: PRIVAT

Meine Schwester und ich auf dem 12 PS Güldner.

Hühnerwohngemeinschaften

In unserem Obsthof standen eigentlich immer drei völlig aus Holz gezimmerte Ställe, in denen im Frühjahr Junghennen aufgezogen wurden. Plakativ gesprochen waren das kleine Hühnerwohngemeinschaften, die autark in einem ca. 2,50 m x 2 m x 1,60 m (Länge x Breite x Höhe) kleinen Häuschen wohnten. Rundherum gut gegen Wetter und Feuchtigkeit geschützt durch genagelte und gesandete schwarze Dachpappe. Ein Glasfenster für das Tageslicht, eine Eingangsklappe für die Hühner und eine Eingangstür für uns Menschen. Diese kleinen Häuschen ruhten auf einer massiven Bodenkonstruktion mit in Zugrichtung abgeschrägten Balken, damit bei Bedarf die Kraft eines Traktors ausreichte, um deren Standort im Obsthof zu verändern. Jetzt aber war kein einziges dieser im Winter unbewohnten Häuschen zu sehen. Alle weg. Sie waren vermutlich aufgeschwommen und in der Flutströmung, vom Sturm getrieben, auf nächtliche Fernreise gegangen.

Auf Reise gegangen waren natürlich auch unzählig andere Dinge des gesamten Hofrats. Kisten und Eimer, Schaufeln und Besen. Wichtige Dinge des täglichen Gebrauchs, die nicht einmal schwimmen konnten, hatte die Flut mit sich fortgerissen. Sie fehlten uns jetzt bei den Aufräumarbeiten. Die Werkstatt war ein einziger Rosthaufen, diverse Maschinen nur noch an ihren Umrissen erkennbar. Unser Haus musste leergeräumt werden. Überall auf dem Grundstück verteilt standen die momentan andersfarbigen, aber irgendwie doch so vertrauten Möbelstücke. Es wurde März. Bis die Sonne genug Kraft für uns aufbringen konnte, sollte es noch etwas dauern. Auch der komplette Holzfußboden landete auf einem riesigen Haufen aus Sperrmüll.

Die erste Woche ohne Flutwasser war längst vergangen, da erhielten wir Hinweise darauf, wo sich unsere kleinen vermissten Hühnerställe niedergelassen hatten. Keine 800 Meter weit waren sie gekommen, diese Ausreißer. Einer war zerstört. Zwei sollten noch ganz gut erhalten sein.
Der Güldner wurde vorgefahren und mit Stahlseilen, Ketten, Schäkeln und Rundpfosten beladen. Auf ging es!
In der Tat hatten zwei der mobilen Hühnerställe ihre Reise mit unbekanntem Ziel ganz gut überstanden. Passende Landeplätze inmitten der uns umgebenden Obsthöfe waren genügend vorhanden. Aber jetzt sollte es wieder nach Hause gehen. Ein Stahlseil wurde um das untere Drittel des ersten Stalles geschwungen, dann folgte eine Kette, und diese wurde an den Schlepper gekuppelt. Die Rückholaktion konnte beginnen. Klar durfte ich fahren! Musste ich sogar, denn mein Vater hatte genug damit zu tun, die "große schwarze Holzkiste", die der Traktor zu ziehen hatte, in die richtige Schlepprichtung zu drücken. Dann erreichten wir endlich die Wiet. Auf dem feuchten Gras und Matsch der Obstplantagen ließ sich der Stall noch gut bewegen, aber hier auf der Straße wäre der Widerstand des Straßenbelags zu groß gewesen. Vermutlich hätte sich das Häuschen aufgrund der hohen Bodenfriktion auf den ersten Metern bereits komplett in seine Einzelteile zerlegt.

Jetzt kamen die Rundpfosten zum Einsatz. Immer drei davon rollten gerade unter den abgeschrägten Balken hindurch, die anderen beiden schleppte mein Vater wieder von hinten nach vorne, vor das sich bewegende Haus, usw. Ich brauchte derweil nur nach Hause zu steuern. Diese Herausforderung war bald gemeistert. Ich liebte solch spannende Arbeiten mit dem Güldner: mit einem Hühnerhaus am Haken auf der öffentlichen Straße herumfahren!

Schellack-Schallplatten

Endlich kam meine Schwester wieder zurück. Mein Opa brachte sie mit dem Taxi an die Wiet. Sie war schon längst aus dem Krankenhaus entlassen worden, hatte dann aber vorerst eine viel komfortablere Bleibe bei unserem Großvater gefunden. Der verwöhnte sie natürlich so gut es ging. Angeblich kaufte er ihr sogar Schaumküsse. Bei uns hatten die damals einen anderen Namen, aber ich möchte ja korrekt bleiben. Ja, und angeblich hat sie den ganzen Inhalt des Kartons dann auch gleich aufgefuttert. Schaumküsse zählten damals eher nicht zu unseren vertrauten Nahrungsmitteln. Und angeblich brauchte Annette diesen fluffigen Schaum mit Schokoladenguss auch nicht lange bei sich behalten. Die sich mit nur geringer Verzögerung anbahnende Übelkeit förderte alles wieder ans Tageslicht. Egal, meine Schwester war wieder da. Endlich! Ich soll ihr da-

mals entgegen gerannt sein mit den Worten:
"Du hast hier echt was verpasst! Hier war was los, ... glaubst du nicht!"
Ich zeigte ihr sofort alle neuen Geheimnisse auf unserem Hof. Hinter den zweistöckigen Stallungen waren zwischenzeitlich die nicht mehr verwertbaren Dinge des Hausrats zur späteren Entsorgung zwischengelagert worden. Umgehend musste ihr anvertraut werden, wie man denn die alten, vom Schlamm zerstörten Schellack-Schallplatten, am besten durch die Luft sausen lassen konnte:
Erst waagerecht halten, dann eine große schwingende Bewegung aus dem Arm heraus und eine letzte Schnappbewegung mit dem Handgelenk und schon ging die schwarze, fliegende Untertasse mit nahezu vertrauter Plattentellerdrehzahl von 78 Umdrehungen/Minute auf ihre Reise durch die Luft. Ganz einfach!
Meine drei Jahre jüngere Schwester schaute staunend, aus respektvoller Entfernung zu. Und dann ... die schwere, zerbrechliche, vor allem aber scharfkantige Schellackscheibe ging unverständlicherweise auf einen nicht gewollten Kurs und zerschellte im wahrsten Sinne des Wortes an ihrem Kopf. Blöder hätte es nicht laufen können! Sie ging zu Boden. Also meine Schwester. Ruhe! Schreck! Dann heulen, dann Mama!
Das Leben in Gummistiefeln auf dem Bauernhof schloss neben den ständigen Abenteuern eben auch eine gewisse Gefährlichkeit mit ein. Auch und besonders jetzt mit unseren neuen Spielzeugen ohne TÜV-Siegel. Ein schlechter Einstieg für mich!

*

Meine Sozialisierungsphase in dieser bäuerlichen Umgebung empfinde ich rückblickend auf jeden Fall als sehr, sehr besonders. Wir Kinder suchten und genossen unglaublich viele Freiheiten. Mein Interesse an Arbeiten auf unserem Hof beschränkte sich allerdings leider nur auf mit „Krach und Motorkraft“ verbundene Dinge. Möglicherweise hätte man damals schon bei mir diesen Drang erkennen können, gerne große, kräftige und natürlich auch laute Maschinen beherrschen zu wollen. Glücklicherweise konnte ich mir diesen Herzenswunsch in meinem späteren Beruf freudvoll erfüllen.

*

Schule

Reise ins Ausland

Ein nicht unwichtiges Thema hat bisher kaum Erwähnung erfahren: SCHULE! Unsere Schule blieb gefühlt sehr, sehr lange Zeit geschlossen. Sie war offensichtlich schwer von der Zerstörungswut des Flutwassers getroffen worden. Dortige Räumlichkeiten sahen bestimmt nicht viel anders aus als die in meinem Elternhaus. Sonderlich vermisst habe ich den Unterrichtsausfall damals allerdings nicht. Zum Zeitpunkt der Zeugnisdatierung am 15. März 1962 war meines Wissens die Westerschule immer noch geschlossen.
Nach Abschluss der vierten Klasse bestand jetzt üblicherweise die Möglichkeit, zukünftig ein weiterführendes Gymnasium zu besuchen. Aber auf unserem Eiland gab es seinerzeit gar keine "Oberschule". Um solch eine Anstalt besuchen zu können, hätte man in Hamburg, also auf der nördlichen Seite der Elbe, sozusagen in der Großstadt, eingeschult werden müssen. Als Konsequenz wäre mit dem Schulwechsel ein sehr, sehr langer und mühsamer Schulweg verbunden gewesen. Von uns aus, der *Lüneburger Seite*, erst mit dem Fahrrad quer durch Finkenwerder zum *Dampfer*, dann die Fährverbindung über die Elbe, und schließlich weiter mit dem öffentlichen Bus zur Schule. Nachmittags das gleiche zeitraubende Verfahren wieder zurück, da würden vermut-

lich nach den zu erwarteten, umfangreicheren Schularbeiten nur noch beschränkte Spielzeiten im vertrauten Freundeskreis am Deich übrig bleiben. Das waren eher unattraktive Vorstellungen für 10-jährige Kinder! Außerdem erschien den meisten der mir bekannten "Inselkinder" die Erlangung der Reifeprüfung eines Gymnasiums nicht so unbedingt dringend wichtig, und seitens unserer Eltern gab es nach meinen Erinnerungen auch keinen diesbezüglich motivierenden Anschub.
Aus meiner Grundschulklasse nutzten deshalb lediglich drei Mitschüler das fördernde Bildungsangebot. Wir anderen warteten lieber auf die präferierte Prüfungsempfehlung zum Besuch der "Mittelschule" am Ende des sechsten Schuljahres. Solch eine Schuleinrichtung gab es wenigstens bei uns auf dem Eiland, und diese Entscheidung erlaubte unserer Clique das Verbleiben im nahezu vertrauten Klassenverbund. Damit war das Thema "Schulausbildung" für die meisten von uns vorerst zumindest geklärt, bzw. auf später, auf einen dann immer noch möglichen zweiten Bildungsweg verschoben.

*

Schon bald wird Mitte der 60er Jahre über eine fehlende Ausschöpfung von Begabungsreserven geklagt, gemeint ist damit die Benachteiligung sozialer Gruppen wie Arbeiterkinder und Mädchen durch das geltende Bildungssystem! Die Bildungsreform der 60er und 70er Jahre soll zukünftig Abhilfe bringen. 1973 öffnet das erste Gymnasium auf Finkenwerder seine Pforten.

*

Unsere Grundschullehrerin Frau R. bemühte sich in den Wochen nach der Katastrophe erfolgreich, ihre komplette Grundschulklasse aus Finkenwerder herauszuholen. Sie organisierte eine vom Roten Kreuz gesponserte Klassenfahrt ins ferne Österreich. Bestimmt gab es dort in den Bergen sogar Möglichkeiten, versäumte Unterrichtseinheiten nachzuholen. Der verlässliche Zusammenhalt der ihr anvertrauten Kinder lag ihr ganz besonders am Herzen.

Ich bekam einen neuen Anorak. Feste Stiefel. Alle Wäschestücke mussten mit meinem Namen gekennzeichnet werden. Und dann der erste Personalausweis. Mit neun Jahren! Unterschrieben am 13.03.1962! Aufregend! Wir fuhren ja schließlich ins damalige europäische Ausland. Grenzkontrollen waren möglich. Fünf Tage später ging die Reise los. Vier Wochen Klassenfahrt, vom 18. März bis 15. April 1962. Reiseziel war das Bundesschullandheim RAACH in Niederösterreich.

Am genannten Datum, einem Sonntag, setzte sich der Fernzug um 15.34 Uhr vom Hamburger Hauptbahnhof in Bewegung. Nahezu 16 Stunden später lief er um 7.25 Uhr des nächsten Morgens in Wien ein. Ja, diese Zahlen hatte ich mir seinerzeit genau aufgeschrieben. Reporter des Fernsehens begrüßten die "Flutopfer" aus dem platten Norden der "Piefkes" und weiter ging die Reise per Bus zum ersten Halt beim Roten Kreuz in Wien.

Meine Großmutter will mich an diesem Abend sogar im deutschen Fernsehen gesehen haben. Man hatte in der Tagesschau darüber berichtet. Damals gab es übrigens nur ein Programm im Fernsehen.

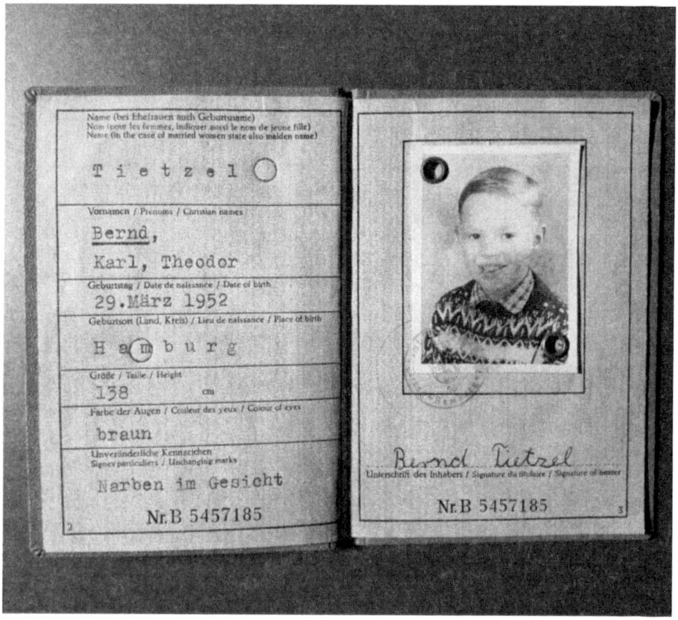
Name (bei Ehefrauen auch Geburtsname)
Nom (pour les femmes, indiquer aussi le nom de jeune fille)
Name (in the case of married women state also maiden name)
T i e t z e l
Vornamen / Prénoms / Christian names
Bernd,
Karl, Theodor
Geburtstag / Date de naissance / Date of birth
29.März 1952
Geburtsort (Land, Kreis) / Lieu de naissance / Place of birth
H a m b u r g
Größe / Taille / Height
138 cm
Farbe der Augen / Couleur des yeux / Colour of eyes
braun
Unveränderliche Kennzeichen
Signes particuliers / Unchanging marks
Narben im Gesicht
Nr.B 5457185
2

Bernd Tietzel
Unterschrift des Inhabers / Signature du titulaire / Signature of bearer
Nr.B 5457185
3

Bild: PRIVAT

Mein erster Personalausweis vom 13.03.1962. Verwegen der Hinweis auf die unveränderlichen Kennzeichen. Das Leben auf dem Bauernhof war offensichtlich gefährlich.

Kaum waren die üblichen Begrüßungsreden verstummt, wurden wir auch schon verköstigt. Sehr fremd alles! Das Fleisch war ganz dünn, aber riesig groß. Der Teller viel zu klein für nur ein einziges Stück dieser fleischgewordenen Wagenräder. Eine Zitronenscheibe garnierte die braune Hülle. Wirklich fremd. Wiener Schnitzel, nannte man es. Schmeckte aber lecker, das Schnitzel. Ich merkte mir das fremde Gericht, und weiter ging die Reise nach Südwesten in die Rax Alpen, vorbei an der Burg Wartenstein in das 800m hoch gelegene Schullandheim in Raach.

Dass es an diesem Tag Schwammerlsuppe gab, kann ich dem mir vorliegenden vierwöchigen Speiseplan entnehmen. Einen Speiseplan, den ich immer noch besitze, obwohl sich die dort aufgeführten Leckereien nicht als solche bewahrheiteten. Heimessen eben! Es war so, wie es war!
Natürlich werde ich jetzt nicht über eine Schülerklassenfahrt berichten wollen, aber die Tatsache, dass sich unsere Lehrerin so für uns ins Zeug gelegt hatte, um diese Reise in vertrauter Gemeinschaft zu ermöglichen, darf ruhig ein paar anerkennende Gedanken erfahren. Als Begleitung hatte sie seinerzeit ihre Tochter, eine Studentin, mitgenommen. Wir wurden unterrichtet und ich erduldete sogar schweren Herzens zahlreiche, langweilige Wanderungen. Wir johlten im Schnee, wir waren unter Kindern und man kümmerte sich um uns. Danke!
Vielleicht noch ein kurzer Blick auf den 29. März 1962. Mein zehnter Geburtstag. Endlich Teenager, immerhin! Mittags gab es Einbrennsuppe, abends Sulz, Extrawurst, Brot und Tee. Heute fällt es mir schwer, diesen Gerichten in meiner Vorstellung Raum zu geben. Ich möchte lieber nicht daran zurückdenken! Punktgenau lieferte die Österreichische Post ein Geburtstagspaket ab. Es hatte den langen Weg von Finkenwerder bis zu uns ins Schullandheim schadlos überstanden. Post von meinen Eltern. Das war wichtig und gut!

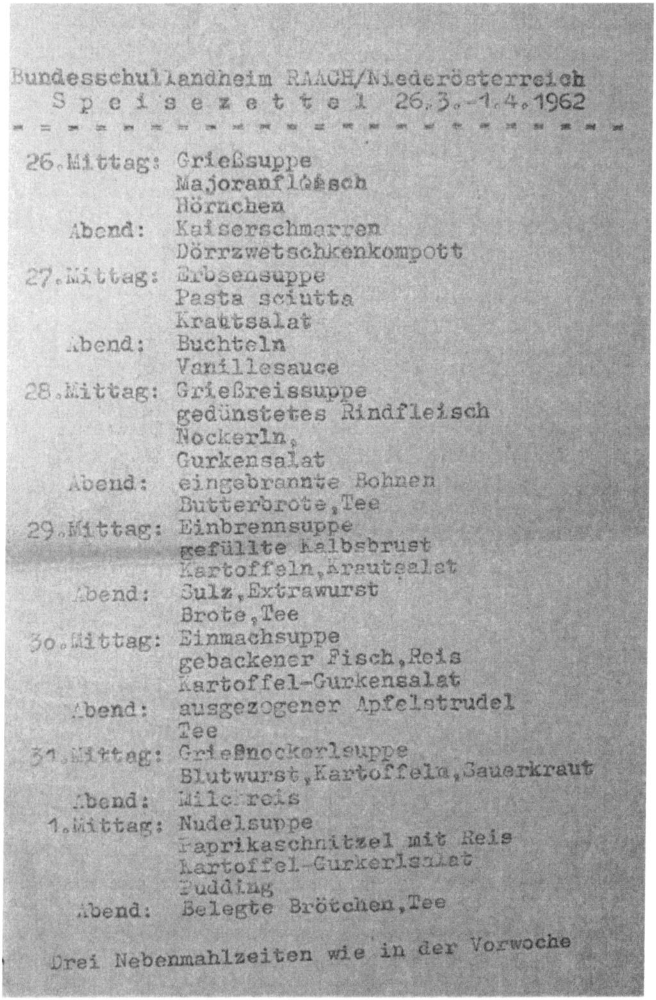

Bundesschullandheim RAACH/Niederösterreich
Speisezettel 26.3.-1.4.1962

26. Mittag: Grießsuppe
Majoranfleisch
Hörnchen
Abend: Kaiserschmarren
Dörrzwetschkenkompott
27. Mittag: Erbsensuppe
Pasta sciutta
Krautsalat
Abend: Buchteln
Vanillesauce
28. Mittag: Grießreissuppe
gedünstetes Rindfleisch
Nockerln,
Gurkensalat
Abend: eingebrannte Bohnen
Butterbrote, Tee
29. Mittag: Einbrennsuppe
gefüllte Kalbsbrust
Kartoffeln, Krautsalat
Abend: Sulz, Extrawurst
Brote, Tee
30. Mittag: Einmachsuppe
gebackener Fisch, Reis
Kartoffel-Gurkensalat
Abend: ausgezogener Apfelstrudel
Tee
31. Mittag: Grießnockerlsuppe
Blutwurst, Kartoffeln, Sauerkraut
Abend: Milchreis
1. Mittag: Nudelsuppe
Paprikaschnitzel mit Reis
Kartoffel-Gurkerlsalat
Pudding
Abend: Belegte Brötchen, Tee

Drei Nebenmahlzeiten wie in der Vorwoche

Mein ungeliebter Speisezettel

Wieder zurück auf Finkenwerder

Am Sonntag, den 15. April, lief der Rückreisezug endlich wieder in den Hamburger Hauptbahnhof ein. Ich war sehr aufgeregt. Was hatte sich alles zuhause verändert? Mein Vater hatte mir in einem Brief berichtet, dass wir eine neue Baumspritze bekommen hatten, dessen Holzfass ein Fassungsvermögen von 600 Litern hatte. Der Hochdruckpumpenantrieb lief über die Zapfwelle des Traktors. Das hörte sich für meine Kinderohren gut an. Die Aufräumarbeiten sollten in den vergangenen Wochen zügig vorangegangen sein.

Es war Mitte April. Sonnenstrahlen konnten schon wärmen. Zartes Grün in der Natur belebte unsere Augen. Die wie Vogelscheuchen verunreinigten Bäume waren wieder frei von ihrer ungewollten Last. Der Hof sah anders aus. Genau acht Wochen waren erst seit dem Unglück in der Nacht vom 16. auf den 17. Februar vergangen und in der Tat, es hatte sich viel getan! Alles schien aufgeräumt, obwohl es sicherlich nicht so war, aber seit meinem Weggang hatte sich die Welt gehörig weiter gedreht. Unser Haus wurde im Zuge der erforderlichen Trocknungsarbeiten gleichzeitig umgebaut. Das Wohnzimmer vergrößerte sich, ein neues Elternschlafzimmer entstand aus einem ehemaligen Lagerraum, unser Kinderzimmer war wieder bewohnbar, und wir bekamen eine Zentralheizung. Man hatte angefangen, Vollgas zu geben! Eine beeindruckende Generation von Stehaufmännchen umgab mich.

Auch an die Tiere hatte man selbstverständlich gedacht. Die Stallungen waren gesäubert und wieder trocken. Acht kleine Ferkel wuselten quiekend durchs Stroh im gerade frisch gestrichenen Schweinestall. Aus den kleinen Küken waren zwischenzeitlich halbstarke Junghennen geworden, die bald die beiden schnuckeligen Hühnerwohngemeinschaften im Obsthof beziehen sollten.

Ja, und unsere Schule, die geliebte Westerschule am Landscheideweg, die hieß uns Flutkinder jetzt ebenfalls wieder herzlich willkommen ...

De III. Miel

De Floot in Neefeld

In Neuenfelde und dem angrenzenden Francop, nur wenige Kilometer von Finkenwerder entfernt, auf der südlichen Seite der Alten Süderelbe, brechen in dieser Katastrophennacht vom 16. auf den 17. Februar an 20 Stellen die Schutzdeiche. Zahlreiche Menschen werden im Schlaf vom Flutwasser überrascht. Für einige der in Not geratenen Bewohner der Dritten Meile wird jede Hilfe zu spät kommen. Auch von Günter Diercks hat man seit vielen Stunden nichts gehört und nichts gesehen. Er wird schon heimlich zu den Opfern gezählt.

2012 wird auf einer *Veranstaltung zur 50. Wiederkehr der Fluttage,* diese rare Retrospektive in plattdeutscher Sprache noch von ihm selbst vorgetragen.

De Floot

von Günter Diercks

Ik bün Günter Diercks ut de Nincööperstroot, in Neefeld, un ik lees jou nu von mien Belevnisse an de Flootdoog 16./17./18. Februar 1962 un wi ik se överstohn hebb. Tomools wüür ik 30 Johr oold und wat ik belevt hebb wüür een wirkliche Irrfohrt.

An'n 16.02.1962 kreeg ik gegen Klock een middogs von'n Diekrichter Karl Meinschien den Opdrag, de Anwohner von'n Neefeller Fährdiek Bescheed to seggen, dat se för den kommenden Obend de Schotten in de Diekstegeln intosetten harrn, weil in de Nacht mit een swoore Störmfloot to reeken wüür.
As ik mien´n Gang över den Neefeller Fährdiek mooken de, leep de Nomiddogs-Floot op. Se reck noch nich op de Stroot butendieks. De Stroot liggt wohl twee Meter över normolet Hochwoter.
Ik dreep op'n Diek Wilhelm Quast, ca. 73 Johr oolt, de erstaunt keek, wat ik hier wohl to doun harr. Ik hebb em froogt:
„Hest du in dien Leven in de Stegel vör dien'n Hoff al mol de Schotten insett?“
He sä „Nee!“
„Ook nich as 1936 de Roosengoorndiek överleep un dat Land 40 cm ünner Woter stünn?“
He sä wadder „Nee!“
Ik güng wiider un mi keem Hermann Bartels in de Mööt, de fröög mi:
„Wat wull du denn hier?“
„Vonacht schall dat een swoore Störmfloot geven!“ He anter. „Denn goh du man gau in'n Nincööper Verband un segg jüm al, se schöllt jümehr Veehtüüg losbinn'n, dormit dat nich afsuppt!“

Mit sien „Swattseehn“ schull he an'n annern Daag al Recht behooln. Veele Nincööper un Liedenkummer hebbt jümehr Veeh nich losbunn'n, un so is dat meiste Veeh vosuppen.
Obends Klock söben müss ik kort to'n Scheeten in'n Schützenhoff. Op'n Weg dorhin keek ik gau noch mol

övern Diek. Dat Woter wüür jümmer noch hoch, dorbi müss dat eegentlich al lang ebben. Viertel no neegen, op de Rücktour, stünn dat Woter noch genauso hoch. Viertel no teihn reep Karl Meinschien mi an:
„Alle Mann an'n Diek!“
Halbig ölben dor ankomen, hebbt wi us bannig vojoogt, dat dat Woter op de Fährdiekstroot wi dull an't Bruusen wüür. Bi dat Huus von Heini Reimers, binndieks, noch in Roohboo, leep dat Woter mit Druck dör'n Diek, weil, wi se verteIln deen, n'poor Doog vörher de Diek för een Woterleitung dörbohrt wodden wüür. Wi hebbt vosöcht dat Lock too to mooken. Binnendieks hebbt wi Boompööhl rinhaut un denn mit Sandsäck all'ns fast afdeckt. Holpen hett dat nich. Hier is de Diek noher in de Nacht wegbrooken und hett dat Huus mitreeten. Obers ik bünn ierstmol wiider op'n Fährdiek un hebb de Dörfohrten kontrolliert. Bi een nee'e Stegeldörfohrt müssen wi den Anlegger mit alle Mann fix helpen de Schotten intosetten. Puttendicht wür de Stegel bi Bäcker Meinschien utlegt mit en Plastikplon mit Sand dortwischen. Dat Woter steeg nu so gau, dat de meisten Lüüd man eben so mit dat Schotteninsetten nokeemen.

Bi all us Arbeid'n an'n Fährdiek hebbt us de Nincööper, de Rüpker un ut de Verbänn´n von de Est düchdig hoolpen. Se wüürn von'n Diekverband III. Miel alamiert. Un dat Woter steeg un steeg, dorbi schull doch ierst gegen Morgen „Hochwoter“ ween. Bi den Gedanken wüür mi nu al nich good. Ik bünn denn no Huus füührt und hebb to mien Froo seggt.

„Hüüt Nacht ward de Dieken nich hooln!"
Wi wohnt mit an de hööchste Steed in de Nincööper Stroot. Un so wüssen wi ok, dör Johrhunnerte överlewertet Votellns, dat bi us, wenn de Dieken breeken deen, mit de ierste Hochwoter-Tide keen Woter in't Huus keem. Düt oole Weeten wüür tomindst seit 1825 jümmer wietergeven wodden.

Mit Sandsäck, de bi uns logern deen, führ ik an de Neendiekstegel. Bit nachts Klock twölf wüürn wi an'n Diek an't packen un doun. Dat Woter stünn nu bit an de Diekkroon. Von'n Oberdiekrichter Gustav Hauschild un den Nincööper Diekrichter Jacob Behr kreegen wi Order, de Grassooden bi de Tegelee to sichern, dat heet aftodecken. Ober wi harrn keen Lüüd miehr, all wüürn se al insett. Wi harrn vull dormit to doun den Diek twüschen Bildhauer Köster un Rieck to sichern. De wüür al gewaltig afsackt – nu wöör dat hier würklich brenzlig.

Johannes Stölken, ut de Huuck, hett sik op't Fohrrad sett un hett in Nincoop Huus bi Huus an de Finsterschieven kloppt, un so de Lüüd vör't Woter wohrschoot. Hüüt noch Hoot af för düssen Mann!
Nu hett ok de Liedenkummer Diekrichter sien Lüüd no Huus schickt:
„Loop't to, loop't to, hier schall keeneen vosuupen!"
Hier hett de Diek denn obers jo doch hooln.
Ik bün vörher in Richtung Tegelee gohn, üm dor no de Grasnarv to kieken. Dat Woter stünn 20-30 cm ünner de Diekkroon. As ik von de Tegelee wadder trüch leep, wüür de Diek al an twee Steeden brooken. Hier brüll dat Woter mit vulle Wucht in de Liedenkummer Feldmark. Ik stünn blots n'poor Meter

von'n Bruch af, un mit de Gedanken un Vörstellung doran, wat dat hier nu för all de Minschen und Kreaturen to bedüüd'n harr, hett sik düt schuurig, schreckliche Bild so in mien Gedächtnis fastsett, dat ik dat bit hüüt nich vergeten kann.
Ik wull nu över de westliche Siet von´n Fährdiek no Huus loopen. Ober op düsse Streeck wüür een 50 Meter Meter langet Diekstück, bi Günther Meyer blangn Huus, bit över de Hälfte steil afsackt. De eenzige Gelegenheit wegtokomen, wüür dwaß dör de Feldmark, hier stünd noch keen Woter.

Hier dicht bi de Warft, bi Günther Meyer, wüürn junge Lüüd op'n Geburtsdag un harrn bi dat Schotteninsetten mit holpen. Ik vertell jüm, wat sik bit nu an'n Diek afspeelt harr un wat ik nu vörharr. Mit alle Mann hebbt se mi dorvon afhooln. Ik güng wadder op'n Diek und dor leeg denn, to mien Glück dach ik, een'n Kohn'n, viellicht harr de sik bi de Sietas-Warft loosreeten. Den'n hebb ik denn in't 50 cm deepere Elvwoter schoben, un wull dormit no Huus wriggen. Ik mok mi noch hüüt'todoogs Gedanken, ob man nu, in mien'n Nootfall, düt ok as „Klauen“ beteeken kunn? Ober ik wull endlich no Huus! Ik bün in de Richt von de Tegelee schippert. Weil de Westwind obers noch mächtig pussen de, bün ik jümmer twüschen de Pietschenmasten, de an Diek stünnen, un de Diekkroon in een irret Tempo oostwarts stüert. In de Hööchde von de Tegelee, bi Heinz Jonas, hebb ik den Kohn'n alleen butendieks hoch trocken un binnendieks an'n Tuun fastbunn'n. Bi Heinz wull ik op'n Bööhm in't Strooh, beeten wat slopen. Se wull'n mi dor noch mit Rum opwarmen, obers ik müss jo mien'n ganzen Vostand för den'n tokomen Dag kloor behooln. Ober mien Belevnisse von düssen Dag leeten mi nich to Ruuh komen. Ich dach mi, dat ik woll an'n Morgen mit den Kohn'n dör de Feldmark schippern kunn. De Wind puss ober noch vodull, un ik leet den'n Kohn'n liggen. Also güng ik fröh morgens halbig söß to Foot in Richtung Warft.

De Ebb harr insett un de Fährdiekstroot wüür al wedder free von Woter. Dat wunner mi bannig. Noch miehr staun ik, as von'n Bokassen-Anlegger bi de Warft, nu morgens Klock söößß een Fähr von de „Este-Linie“ affüührn de.

Bi de Ranke-Warft dreep ik Barthold Dehde. Wi beide hangeln us dör een „lüttjeren“ Diekbruch övern Fohrradstänner un annere tohoop dreeven Sooken. Ik güng mit no sien Hoff. De Seehoff liggt orrig wat hööger un harr keen Woter afkreegen. He wull mi sogor mit een Peerd no Huus bring'n. Endlich mol 'nen Lichtblick. Wi beid op'n een Peerd no Nincoop too. Ierstmol op'n Domänenweg, den de oolen Lüüd jümmer noch „Oolen Diek“ nöömen deen, wat he fröher ok jo mol wüür, as de westliche Diek to'n Liedenkummer Ringdiek.

Wi keemen in de Hööchde von de Ollander Sparkass, un wi kunn'n ok al in de Nincööper Stroot no'n Oosten kieken. Dat Heck von een'n VW-Käfer kunn wi erkinn'n. Dat Woter stünn'em bit to de Mitt von de gedeelte Heckschiev. Obers hier wüür so veel an Booholt mit dat Woter tohoop dreeven wodden, hier güng't eenfach nich wiider. Also wi wedder trück no'n Seehoff.

In't Woter op'n Weg keemen us de Warftarbeiter von de Nachtschicht in de Mööt. Uns Peerd wüür an't Scheuen un strampel sik in den breeden un ok deepen Groben no'n Westen to rin. Barthold hett sik

an't Peerd fasthooln, ik harr nix to'n fasthooln un füüll mit mien dicket Wintertüüg, Gummistevel un Pelzwest, in't ieskoolde Woter un müss gegen de Strömung answümmen, dormit ik op'n Domänenweg keem. Barthold kunn no Huus rieden.
Schlotternd un mit kopuute Nääs heff ik dat denn ok bit no'n Seehoff schafft, wo ik denn drööch Tüch kreeg.
Ik mook mi wedder op'n Wech, ik wull no Huus!
An Est'diek dreep ik Johannes Bartels. Över de Hoov, Köönigriek, un Buxthud sünd wi no Nee-Wulmsdörp füührt. Doar heff ik mien Froo und miene Jungs denn funn'n. Veele Neefeller wüürn noch in de fürchterliche Nacht hierher flücht und kunn'n de dullsten Geschichten verteIln, wer all'ns vodrunken wüür usw. Ünner annern harrn se mi ok mit optellt.

Hier in Nee-Wulmsdörp wüür dat Woter bit op 300 Meter vör'den Bohnhoff oploopen. De Bundeswehr söchen hier ortskundige Lüüd, de jüm den Weg bit no Neefeld wiesen schulln. Se wulln Melk för de Kinner in de Neefeller Kark bringen.
Klook sööß obends güng dat mit'n Schlauchboot los. In de Hööchde von't Heisterness in Rübk wüürn de Wellen noch 50 cm hoch, so güng de Wind noch tokiehr. Weil een Schlauchboot in Rübk een'n Motorschooden harr, müssen wi dor ierstmol helpen. Teihn Lüüd hebbt wi von de Bööhms hoolt. Ganz Rübk wüür een Tragödie. De Hüüs stünn'dn meist all bit an de Dackkant in't Woter. Wi fünn'n dat koputte Schlauchboot, dat wöör nu an us Boot fastbunn'n, un us Boot schull denn mit nur een'n Motor beide trückfüührn. No 150 Meter harr ok us Boot genau wie dat ierste Stacheldrooht üm sien'n Propel-

ler wickelt und nix güng miehr. Bi wunnerschöönen Vullmond un insloopen Wind, sünd wi denn de 2,5 Kilometer bit no Nee-Wulmsdörp trückpaddelt. De letzten Meter keem uns een LKW von de Bundeswehr trückoors entgeegen und hett uns denn op't Dröögen trocken.

In düsse tweete „Flootnacht" von'n 17. op'n 18. Februar bün ik denn bi mien'n Unkel in Nee-Wulmsdörp op't Soofo to Ruuh komen, ober ok ierst, nodem mi de ganze Dag noch mol dör'n Kopp gohn is. Un ik hebb an min Leud to huus dacht und de Hoffnung hat, dat se bi uns op'n Bööhn sitt, dat se dat grood geboorne Kalv dorbi hebbt, un dat us Peerd noch leven dünn. För dat annere Veehtüüg harr ik meist keen Hoffnung miehr.
Mit dankbore Gedanken, dat ik mien Froo un mien Kinner bi mi harr, kunn ik nu goot insloopen un harr een goode Nacht.

An'n 18. Februar güng ik fröh no'n Bohnhoff. Dat Wadder wüür goot, mit Sünnenschien un ruhige Luft, all'ns friedlich, as wenn nix possiert wüür, wüür jo ok Sündag! Hier leegen nu flache Bööd von't THW. As Ortskundige sünd Helmut Holst un ik, in Richtung Neefeld mit jüm füührt. Op de Stroot in Richtung Nincööper Diek/Nincööper Stroot wöör dat Woter jümmer flacher. Op de Krüüzung kunn'n wi mit'n Boot nich miehr füührn. Hier wüür de hööchste Steed an de Nincööper Stroot. Wi müssen dör de Stellmookerstroot. Von wieden kunn ik al mien VW-Käfer sehn, bi Jonas, hüüt Hartwig Quast, blang Huus, op'n dröögen Plack'n. Dör de Stellmookerstroot sünd wi denn westlich fööhrt. Die ganz oolen Höfe wi Palm und Behr wüürn ohne Woter, bit op wenig op de Achterdeel. Jacob Behr frei sik bannig, dat he mi levend wadder seehn de, denn he harr mi in de Nacht no de Tegelee schickt.

Mien Fomilje to huus harr ok 1 1/2 Doog nix von mi hürt. Endlich Tohuus ankomen, harrn wi tatsächlich keen Woter in't Huus. Poor Zentimeter fehl'n dor an. Miene Froons harrn obers al rechttiedig us Veeh no'n „Jonas-Hoff" hindreeben. Dor stünn een ganz oole Schüün, de de Lüüd as „Hooge Schüün" beteken deen, de sogor noch een halven Meter höögeres Woter afkunnt harr. Us Swiens harrn se bi us mit alle Mann, mit alle Gewalt, ut den deepen Swiensstall, in den höögeren Kalverstall bröcht, wo se op veel Strooh överlevt hebbt. Un ok de 40 Höhner, bit op twee Hohns, hebbt düsse Doog op jümmer Stangs överlevt. Dat Veehtüüg, dat nich op woterfree'e Höfe bröcht wodden wüür, is meistendeel elendig vosoopen.

Nu vertell mien Lisa mi, wie se mit uns Lüüd Tohuus de ierste Flootnacht belevt harrn:
Mit wat to'n Drinken sünd se all tohoop op'n Bööhm trocken. Weil eener noch mit'n Talglicht in't Vörhuus rümleep, hett de Polizei jüm entdeckt un opföddert, no de Krüüzung bi Hinnik Schlösser, hüüt de Apothek, to komen, dormit se mit Bundeswehr-LKWs no Nee-Wulmsdörp evakuiert warrn kunn'n. Vörher schulln se noch dat Veehtüüg losbinn'n un op de Stroot drieven. Dorgegen hebbt sik miene Froons wehrt, dat wulln se nich! Op de Stroot stünn Henry Prigge ut Wulmsdörp, he wull no sien Öllern in Nincoop. Obers hier wöör sien Fohrt stoppt. Dat Woter ströön al an de Westsiet von us Huus vörbi gewaltig

över de Nincööper Stroot. Bit no Nincoop rin wüür dor keen Dörkoomen miehr. Henry müss trückfüührn un neehm miene Lisa und uns Jungs mit no Nee-Wulmsdörp, wo wi uns jo ok dropen hebbt. Tohuus indess kreegen miene Lüüd wat "Eenmoliget" to sehn! Op de Oostsiet von't Huus rausch denn mit Mol een Well von tomindst een'n halben Meter Hööchde, mit Schuum op de Kroon, mit Zischen un Getöse över dat Land, vörbi an us Huus un rull över de Nincööper Stroot.
Dat Woter verdeel sik denn no de ierste Tide an'n annern Morgen. So kunn mien Swester, gegen Mittag von'n 17.02.62, in den 100 Meter entfernten Lebensmittelloden von Hinrich Schlösser inkööpen, ohne natte Fööt to kriegen. De tweete Tide an'n 17.02.62, an'n loten Nomiddog, as dat Woter noch mol ohne optoholen in't Land strömen kunn, hett denn den Hööchststand von't Woter bröcht. Dat Woter keem twee Zentimeter ünner us Footboddens to'n Stohn. Uns wüür kloor, wi, mien Fomilje, harrn ganz veel Glück hatt.
Mit de Lüüd von't THW hebbt wi denn 10/15 Persoonen mit us Boot tohoop holt un denn no Nee-Wulmsdörp bröcht. Hier hett mien Tante denn de Helpers von THW, de noch nix to eten hatt harrn, mit "Spiegeleier satt" vosorgt. Bi de tweete Tour, mit Helmut Holst as Führer, wöörn denn noch miehr Flootgeschädigte no Nee-Wulmsdörp bröcht. Nu bleev ik to Huus!

Dat Veehtüüg op'n Jonas-Hoff müss vosorgt warrn. Hier wüür obers keen Fudder, weil't hier al länger keen Veehtüüg miehr geev. Dat Peerd von Henry Meinschien leep bi us op de Stroot, dat hebb ik mi

kort mol utleehnt, vör een'n Wogen spannt un mit Hau vullloodt, wat wi von us Achterdeel dör de Wohnung sleppt harrn. Dormit bün ik denn no'n woterfreen „Jonas-Hoff“ füührt un hebb dat Veeh dormit fuddert.
Hier geef dat Striet mit een anner'n Nohber, de sien Veeh ok hier stohn'n harr. He wull dat partout nich mit Flootwoter börn, ober annert Woter geevt jo nich und dat Veeh harr Dööst! As he wech wüür, hebb ik de Döör opmookt un dat Veeh suupen looten. Un nix is possiert. Dorbi dreev 100 Meter wiider een dodes Stück Veeh.
In de tokomen Doog keemen holländische Pioniere, de dat dode Veeh ut de Stalls hooln deen. Uns 15 PS Deutz-Trecker füühr wadder, un ik hebb denn holpen dat dode Veeh an de Stroot to trecken. Se wöörn op Wogens loodt un denn no'n Neefeller Hoben un ok no't Viersielner Schlüüsenfleth bröcht. Dat wüür n'gräsige Sook, as dat daude Veeh mit so'n Radlooder tohoop schooben wöörn, womit se denn op Schuuten loodt wodden sünd.

Un denn keem de Frost, de ganze Feldmark wüür een Iesfläche. Dat Woter leep af, un dat Ies an de Bööm töög de Tellns no ünnen, un se breuken af. To'n Oprüühmen in de Höfe hebbt wi veel freewillige Heelpslüüd ut de II. Miel hatt. Dorför mööt wi hüüt noch „Danke“ seggen!

Bi mien'n iersten Kontrollgang dör de Ieswüste leep mi een Hoos övern Wech. De geev mi Hoffnung, dat hier nich all'ns den Dood funn'n harr. De iersten Muulwörps wöörn ober ierst no 40 Johrn in de Liedenkummer Feldmark wadder aktiv.

För uns Tokunft hier achtern Diek seh ik eenige Gefohren op us tokomen:

- Dat de Elv jümmer deeper mookt warrn schall, bringt miehr Woter.
- De technischen Pannen, wi jetzt an't groote Este-Sperrwark, ward dat jümmers geben.
- De Damm, op den de A26 boot warrn schall, ward de Utloopfläche för dat woter tomindest üm de Hälfte inschränken, un lett dordör den Woterstand in't Binnenland veel hööger as 1962 oploopen.

Mien Meennung is:
Bit to de nächste Katastrophe ward dat keen 137 Johr miehr duurn, un se ward veel grötter as 1962!

Neefeld, 06. Januar 2012

Hintergrund

Die Erste, Zweite, Dritte Meile

Es sind in den vergangenen Abschnitten vielleicht ein paar unverständlich klingende Begriffe wie beispielsweise *Altes Land, Dritte Meile, Dampfer* oder *Lüneburger Seite* aufgetaucht. Vielleicht ist es ratsam, deren Herkunft und Zuordnung ein wenig mehr Raum zu geben.

Und es begann so ...

Betrachtet werden soll vorerst die Entwicklung des Marschgebiets zwischen Stade und der weiter östlich aufstrebenden Siedlung Hamburg. Man nennt dieses Land am südlichen Ufer der Unterelbe das Alte Land. Oder auf Plattdeutsch: Olland (lat. terra vetera).

Vor nahezu 900 Jahren begannen niederländische Kolonisten damit, diesen Landstrich urbar zu machen. Dazu wurde die Strecke von Stade bis Moorburg in drei Teilstücke gegliedert. Besser bekannt als die Erste, Zweite und Dritte Meile. Stade war damals der wichtigste natürliche Hafen zwischen Cuxhaven und Harburg und ein strategisch wichtiger Übergangsort über die Elbe. Ab dem 14. Jahrhundert gehörten Stade und Hamburg sogar zum Verbund der Hanse, dem Interessenverband für seefahrende Kaufleute.

Die *Erste Meile* beginnt genau hier, zwischen dem Fluss Schwinge, der direkt durch Stade fließt und dem Fluss Lühe, der sich auf seinem Weg zur Elbe durch Horneburg schlängelt. Im 12. Jahrhundert begann man mit dem Entwässern dieses Gebietes. Die gleichzeitige Eindeichung zum Schutz gegen die Elbe war ebenso von größter Wichtigkeit, da das Marschland immer wieder von Sturmfluten zerstört wurde. Danach wandte man sich der Besiedlung dieser Region zu.
Die *Zweite Meile* schließt sich direkt an und beschreibt die Strecke zwischen der Lühe und dem Fluss Este. Diese zweite Meile war bereits Ende des 12. Jahrhunderts eingedeicht.

Die *Dritte Meile* erstreckt sich dann wiederum von der Este bis zur Süderelbe. Man sagt, bis zum Ort Moorburg. Die Arbeiten an der Dritten Meile waren erst Ende des 15. Jahrhunderts abgeschlossen. Diese letzte Meile galt als sehr sturmflutgefährdet und schwierig. Interessant ist diese Aussage auch deshalb, weil sich die Sturmflut 1962 wiederum besonders angriffslustig auf eben diese Dritte Meile[4] stürzte.

---

[4] Die Dritte Meile: Am schwersten betroffen von der Sturmflut 1962 war die Dritte Meile des Alten Landes, die infolge der großen Deichbrüche an der Alten Süderelbe bei Moorburg und Francop von hinten überflutet wurde. Zudem brach der Deich am Rosengarten und im benachbarten Neuenfelde. Hier kamen insgesamt 13 Personen ums Leben, zahlreiche Häuser wurden vollständig zerstört. WIKIPEDIA

Ebbe und Flut waren über viele Jahrtausende mit verantwortlich für die Ablagerungen von Sand und Schlick aus der Elbe. Den entstandenen sehr fruchtbare Marschboden findet man deshalb vornehmlich auf den elbnahen Landstrichen. Schon bald dahinter schließt sich ein eher ungeliebter Moorgürtel an, begrenzt durch die topographisch ansteigende Stader Geestlandschaft.

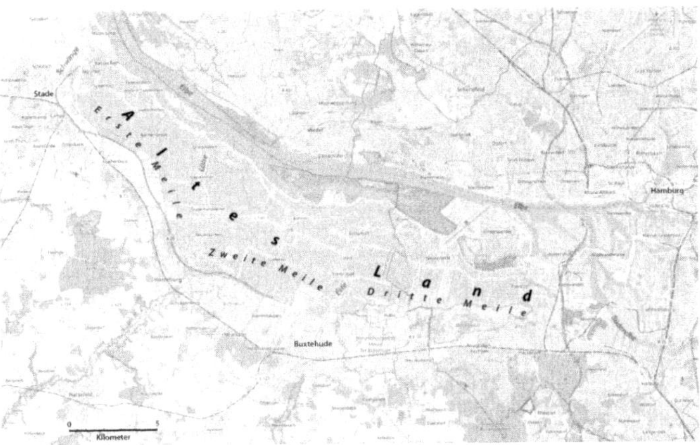

Quelle: Wikimedia NordNordWest, BY-SA 2.0

Das Alte Land

Die direkte Nähe zur wasserreichen Elbe und das Wasser in den vielen Entwässerungsgräben sorgten für ein ausgeglichenes Klima mit wenig Frost. Der Grundwasserpegel blieb hoch und damit der Boden stets feucht. Solch eine Landschaft ist bestens ge-

eignet für den Obstanbau.
Das Alte Land ist wohl immer noch das größte zusammenhängende Obstanbaugebiet Mitteleuropas. Leider stellt sich heute der erfreulicherweise beibehaltene Obstanbau als eine optisch eher langweilige Art der Bepflanzung dar. Strenge Monokulturen, wohin das Auge blickt. Über diese Bewertung könnte man natürlich kräftig streiten, denn zur Blütezeit sind die Obstplantagen in der Tat eine Augenweide, geradezu ein Blick ins Paradies, aber eben doch nur für einen zeitlich kurzen Wimpernschlag.
Die Apfelblütenzeit beginnt Ende April bis Anfang Mai und hält je nach Wetterlage ca. zwei Wochen an.

Die Entwässerung

Das komplette Gebiet Ollands ist charakterisiert durch den Wechsel aus schmalen, langen Marschstücken und den für die Entwässerung nötigen Wassergräben zu beiden Seiten. Tausende Gräben, die alle miteinander verbunden sind, führen überschüssiges Regenwasser ab und leiten es weiter zu den Sielen, mit denen der Ablauf in die von Gezeiten beeinflusste Elbe gesteuert wird. Ohne diese Entwässerung über Grabensysteme würde sich diese Naturlandschaft in einen unbewohnbaren Sumpf verwandeln. Durch die permanente Trockenlegung sackte das Gelände allerdings ab, stellenweise bis unter den Meeresspiegel.

In früheren Jahren war es durchaus üblich, in der ruhigeren Winterzeit lange Teilstücke der Gräben abzuschotten, das Wasser herauszupumpen, und dann mit Handkraft und Hilfe sämtlicher Anwohner den angefallenen Schlamm aufs Land zu schaufeln. Man nannte diese verpflichtende Gemeinschaftsarbeit "Klei groben". Dazu gab es entsprechende Geräte, wie z.B. komplett aus Holz gefertigte, leichte und schlanke Hohlschaufeln. Ich kann mich noch gut an diese Werkzeuge auf unserem Hof erinnern. Die Notwendigkeit und die Vorteile eines solchen Tuns liegen auf der Hand: Die Gräben werden funktionstüchtig gehalten, der Verlandung derselben wird entgegengewirkt, das angrenzende Marschstück bekommt etwas mehr Höhe und wird gleichzeitig gedüngt. Die Oberfläche der "Stücke" formte man bei dieser Arbeit immer leicht rund (konvex), damit sich die Entwässerung zu beiden Grabenseiten etwas leichter tat. Ganz früher gab es auf Finkenwerder sogar die offizielle Tätigkeit des Kleigrobers. Bestimmt keine leichte Lohnarbeit! Heute werden diese Notwendigkeiten natürlich nicht mehr von Handkraft ausgeführt, sondern Bagger erledigen die Instandhaltungen des Entwässerungssystems.

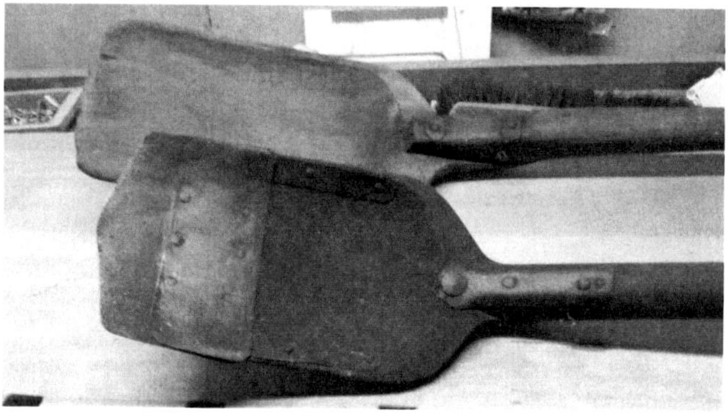

Bild: PRIVAT

Sehr leichte Hohlschaufeln (verm. aus Pappelholz). Die untere Schaufel hat zum leichteren Stechen der Grabenkanten eine Blechverstärkung bekommen.

Bild: PRIVAT

Kleigroben an der Wiet.
Ein Bild aus den 50er Jahren.

Bepflanzungen waren früher anders

Gerne erinnere ich mich zurück an die Bepflanzung in unserem Obsthof in den 50ern und auch noch 60er Jahren. Wir hatten zwar vornehmlich Apfelbäume verschiedenster Sorten auf unserer kleinen Plantage angebaut, aber es gab zeitgleich große, kleine, alte und ganz jung gepflanzte Bäume. Ebenso wuchsen dort himmelhoch Birnenbäume, für die man besondere Leitern benötigte. Süß- und Sauerkirschen standen in direkter Hausnähe. Pflaumen- und Zwetschgenbäume haben wir Kinder gerne heimlich besucht und in Reichweite unserer Arme auch leergefuttert. Es gab sogar Büsche mit Stachelbeeren, Johannisbeeren und eine dicke Brombeerhecke unmittelbar am Wassergraben. Der Quittenbaum führte ein Einzelleben. Auf dem Nachbargrundstück wuchsen Erdbeeren und Meerrettich. Viel Leben auf einem kleinen Fleck.
Mit diesen zahlreichen verschiedenen Obstsorten und den damit verbundenen verschiedenen Ernteanforderungen und Erntezeiten kann sich aber ein heutiger Landwirt natürlich nicht mehr beschäftigen. Deshalb wird bei der Betrachtung der Wirtschaftlichkeit eines Obsthofes am Schluss vermutlich immer eine schnell änderbare, flexible Monokultur die Nase vorn haben. Keine Frage!

Finkenwerder

Und was ist mit Finkenwerder? Gehörte die Insel zum Alten Land? Streng genommen endet die Dritte Meile an der Süderelbe. Also -> NEIN!

Aber diese Frage hat sich zu Beginn der Arbeiten an den ersten beiden Meilen noch gar nicht gestellt. Einmal abgesehen von den häufig wechselnden politischen Zugehörigkeiten in dieser Region, hat es Finkenwerder im 12. Jahrhundert noch gar nicht gegeben. Finkenwerder entstand erst durch das Auseinanderbrechen der Insel Gorieswerder in mehreren Sturmfluten zwischen den Jahren 1192 und 1248.

Mitte des 13. Jahrhunderts wurde die westlichste der damals neu entstandenen Inseln erstmals mit dem Namen Vinkenwerder erwähnt.

Die Urbarmachung wird vermutlich ähnlich gelaufen sein wie in den bereits beschriebenen Meilen. Ein Entwässerungssystem mit unendlich vielen, miteinander kommunizierenden Gräben, ein geregelter Abfluss in die Elbearme über Siele, schmale, fruchtbare, parallele Marschstücke, alles wie auf dem Reißbrett geplant. Selbst fast alle Straßen wirken wie mit dem Lineal gezogen, oder folgen zwanghaft den Vorgaben des Deichs. Eine einzige Straße hingegen zeigt einen eher aufmüpfigen Verlauf quer durch die wohlsortierten Marschstücke. Das ist die Wiet. Meine Wiet! Der Grund dafür ist mir unbekannt. Vielleicht ein zufällig gewachsener ehemaliger Trampelpfad aus sehr alten Zeiten.

Die Eindeichung Finkenwerders soll bereits im 13./14. Jahrhundert begonnen haben. Häufig leidige

Hochwasserschäden wurden besonders von den Bewohnern der erst später eingedeichten Nordhälfte der Insel beklagt. Eine wesentliche Verbesserung im professionellen Deichbau und seiner Pflege gelang dann Anfang des 19. Jahrhunderts mit einer *Verfügung für das Finkenwerder Deichwesen* (1801, W. Amsink).

Der besondere Unterschied der Eindeichung Finkenwerders, verglichen mit den Meilen zwischen der Schwinge und der Süderelbe, war, dass um Finkenwerder herum ein Ringdeich entstand und kein kilometerlanger gerader Trutzwall gegen das Elbewasser.

Die Bevölkerung auf Finkenwerder wuchs. Auf dem nördlichen Teil der Insel, direkt am Deich, wurden vorwiegend Fischer ansässig, den übrigen Teil bewirtschafteten Obstbauern. Die alten Hofstellen der Bauern waren häufig geschützt durch Warften, da die Besiedlung der Insel weit vor der Fertigstellung der Deiche bereits begonnen hatte. Später boten diese mächtigen Siedlungshügel einen zusätzlichen Schutz gegen versagende Deichsysteme.

Quer durch die Insel von West nach Ost führt der Landscheideweg. Im wahrsten Sinne des Wortes beschrieb diese schnurgerade Straße eine politische Trennung. Bereits seit 1445 gehörte der nördliche Part zu Hamburg. Allein schon, um den Schiffsverkehr auf der Elbe besser kontrollieren zu können, waren die Hamburger sehr an dieser Inselseite interessiert. Der südliche Teil wechselte seine politische Zugehörigkeit einige Male. Geblieben ist heute noch der Ausdruck *Lüneburger Seite*, weil das Herzogtum Braunschweig-Lüneburg bis 1814 dort das Sagen hatte! Alles längst vorbei, denkt man, aber zur Zeit

der beschriebenen Sturmflut 1962 konnte man auf der *Lüneburger Seite* durchaus noch mit Gummistiefeln herumlaufen. Überschritt man aber den Limes, den Landscheideweg nach Norden, dann durfte kein Schlöpzeug[5] mehr getragen werden. Das ging gar nicht. Auf der *Hamburger Seite* waren schließlich alle Geschäfte, die Schulen, der Fähranleger für den Dampfer[6] zur Elbüberquerung in die nahe Großstadt, die Sportplätze, das Schwimmbad, die Arbeitsplätze in der Industrie und alle Amtsgebäude. Dort pulsierte sozusagen das Leben!
"Wenn du no de Hambörger Siet geihst, denn trek die blos wat Ölliges an! Wat scheut de Lüd denn dinken?"

Seit 1937 gehört Finkenwerder nun komplett zur Hansestadt Hamburg, und die für den nördlichen Teil geübte Schreibweise Finkewärder mit ä verschwand.
Die äußere Gestalt der ehemaligen Insel hat sich seit seiner Entstehung immerwährend verändert. Nicht nur die Natur hat mit Zerstörungen kräftig zugepackt, auch der Mensch hat diesbezüglich unermüd-

---

[5] Schlöpzeug: ungepflegte/unangepasste Kleidung
Schlöpendriever: ein etwas unzuverlässiger Mann

[6] Dampfer: Die Fährverbindungen über die Elbe wurden 1888 von der Firma HADAG, einer Reederei für Hafenfähren, übernommen. Da diese Schiffe in der Anfangszeit mit Dampf betrieben wurden, hat sich dieser Begriff bis heute gehalten. In der Zeit davor konnte man die Insel nur über Fährboote und Segelschiffe verlassen, um am Handel in den Nachbargemeinden teilnehmen zu können.

lich mitgeholfen. Als sehr massiven Eingriff möchte ich die in diesem Buch erwähnten Landgewinnungen der letzten 120 Jahre betrachten. Selbst mir, der dort geboren ist, fällt es manchmal schwer, Vertrautes aus der Vergangenheit dem Heute zuzuordnen.
Die alten Deichanlagen mit ihren fünf Deichbrüchen wurden umgehend nach der 62er Sturmflut ausgebessert, aber nur kurz danach begannen bereits die Arbeiten an einem Damm im Westen der Insel. Die Mündung der Alten Süderelbe in die Unterelbe, im Bereich des Mühlenberger Lochs, wurde geschlossen. Es folgte eine höhere Neueindeichung mit einerseits herkömmlichen Deichen, sowie sogenannten Flutmauern in den eher engen und bereits bebauten Streckenabschnitten des Ortes. Zugleich kappte man im Osten die Verbindung zur restlichen Süderelbe dergestalt, dass die Alte Süderelbe seitdem nicht mehr dem Tidenfluss unterliegt. Längst überfällige Straßenanschlüsse im Westen und Osten in die Nachbargemeinden folgten.
Der neue Deich im Westen wurde verlängert und fand seinen Anschluss kurz hinter der Este an den Deich der *Zweiten Meile*. So fand schließlich alles zueinander und der Schutzwall wurde eins. Die Deiche der Dritten Meile und der ursprüngliche Ringdeich in Finkenwerder haben heute größtenteils keine Schutzaufgaben mehr.
Glücklicherweise bestehen keine Pläne, diese alten Deichanlagen, bestehend aus den Hauptdeichen, teilweise auch Sommerdeichen und den allerdings immer noch erforderlichen Sielen, wieder zurückzubauen. Das alte, charmante Inselbild konnte somit in vielen Teilen erhalten bleiben. Ab den 1970er Jahren galt die Insellage als Geschichte!

*

Der Elbdeich der Zweiten Meile war zwar auf den neuesten Stand gebracht worden, aber leider nur bis zur Landesgrenze Hamburgs. Der weiterführende Bereich auf niedersächsischem Terrain wurde nicht erhöht. Im Januar 1976 kamen bereits die nächsten Sturmfluten. Der Wasserspiegel überstieg den 1962 gemessenen Pegel von 5,70 m nochmals um 75 cm. Die Hamburger Deiche hielten, es entstanden aber Schäden in den Hafenanlagen. Stromaufwärts der Elbe, in Niedersachsen, kam es zu gewaltigen Schäden/Deichbrüchen. Das Versäumnis der erforderlichen Deichanpassung wurde in den nachfolgenden Jahren umgehend korrigiert.

*

Schlussgedanken

Ein paar Sätze noch

Und noch einmal und ...

Wir schreiben inzwischen den 3. Januar 1976. Im letzten Jahr habe ich das Elternhaus verlassen und wohne jetzt in Hamburg-Bramfeld. Der im jetzigen Alter nötige Abstand zum Elternhaus war dringend angesagt. Mit dem Auto über die erst vor 15 Monaten eröffnete Köhlbrandbrücke sind es gerade einmal 26 Kilometer bis zur heimatlichen Wiet.
Bis vor wenigen Tagen war ich noch auf Finkenwerder als Jungingenieur bei der Flugzeugbaufirma Messerschmitt-Bölkow-Blohm tätig. Heute Abend werden dort große Teile seiner Werksanlagen unter Wasser stehen. Das weiß aber noch niemand. Ich selbst freue mich derweil schon auf Übermorgen, dem Beginn eines neuen Lebensabschnitts bei meinem zukünftigen Frankfurter Arbeitgeber.
Heute ist Samstag. Meine Eltern werden auf dem Wochenmarkt ihre Waren anbieten. Hoffentlich fliegt ihnen nicht der Unterstand davon, denn es stürmt gewaltig. Es stürmt eigentlich schon seit Wochen ganz gewaltig. Heute wird sich daraus ein Orkan entwickeln. Der Capella-Orkan. Er wird verhindern, dass der Wasserpegel durch die einsetzende Ebbe wie üblich sinkt, und er wird der danach auflaufenden Flut zusätzlich einen kräftigen Schub in die Elbemündung geben. Für weite Bereiche der deut-

schen und dänischen Küste zeichnet sich die schwerste Flut des 20. Jahrhunderts ab. In den Abendstunden erreicht der Pegel in St. Pauli eine Höhe von 6,45 Meter. Der höchste Stand seit 1825! Insgesamt bleiben die Schäden in Hamburg vergleichsweise gering, weil der Stadtstaat nach 1962 seine Deichanlagen verstärkt hat. Zerstörungen an Wohngebäuden außerhalb des Schutzdeichs gibt es aber schon. Der gerade erst erhöhte Auedeich wird zukünftig eine weitere Verstärkung bekommen, da seine Gründung während dieser Prüfung "wackelig" erschien. Im Hamburger Hafen wird der Lagerbetrieb in Teilen schwer ramponiert.
In Niedersachsen entstehen allerdings gewaltige Schäden an und durch noch nicht angepasste Schutzwälle. In Drochtersen und Assel zählt man zehn Deichbrüche. Die dahinter liegende Moormarsch liegt unterhalb des Meeresspiegels. Jetzt kämpfen die dortigen Bewohner mit genau den gleichen Problemen der Entwässerung, wie 1962 die Finkenwerder Binnendeichbewohner mit ihrer vollgelaufenen Badewanne. Durch diese massive Sturmflut beklagt man 82 Todesopfer.
Mein Vater feiert in gut vier Wochen seinen 59. Geburtstag. Schon wieder steht seine Existenz auf Messers Schneide. Zum Glück halten die neuen Deiche! Es hat wirklich nicht mehr viel gefehlt. Welche Ängste müssen meine Eltern ausgestanden haben? Aber darüber spricht man nicht, so wie viele Menschen dieser Generation sowieso nicht über ihr erlebtes Früher sprechen. Man lebt total im Heute. Das Morgen wird erst dann interessant, wenn es zum Heute wird.

Und ich? Ich habe diese erneut lebensbedrohliche Gefahr nicht einmal im Ansatz wahrgenommen. Sie ist an mir vorbeigehuscht. Erst heute, im Jahre 2022, bei der Stoffsammlung zu diesem Buch, nehme ich erstmalig dieses ebenfalls massive Sturmflutjahr wahr.
Ich empfinde dabei eine gewisse Duplizität der Ereignisse zu den Erlebnissen meines Großvaters 1962. Auch er befand sich örtlich nicht weit entfernt vom Chaos der damaligen Sturmflut, hatte aber nichts davon bemerkt. So geht es jetzt auch mir, mit meinen Erkenntnissen bezüglich der Januar-Fluten aus dem Jahre 1976.
Dieses Mal ist auf Finkenwerder glücklicherweise wenig passiert, weil wie schon gesagt, die Deiche gehalten haben. Die Presse ist zurückhaltend mit ihrer Berichterstattung. Sturmfluten scheinen beherrschbar geworden zu sein, vorausgesetzt, man sorgt fürsorglich für entsprechend hohe Schutzwälle.
Leider vertieft man aber immer wieder die Elbe. Die verlässlich zeitgenaue Tide bedankt sich im Gegenzug mit einer schnelleren Fließgeschwindigkeit in Deutschlands drittgrößtem Fluss.
Seit dem 19ten Jahrhundert bis zum heutigen Tage, wird die Unterelbe diverse Male ausbaggert. Eine der unguten Folgen ist die grobe Verdopplung des Tidenhubs in den letzten ca. 150 Jahren. Heute beträgt der mittlere Unterschied zwischen Ebbe und Flut in Hamburg ca. 3,70 Meter. Die neuen, höheren Deiche werden jetzt in direkter Flussnähe errichtet. Ausdehnungsflächen zwischen dem Flussbett und den ursprünglichen Schutzdeichen im Hinterland, als Raum für eventuell zusätzlich in die Elbe hineingedrücktes Hochwasser, sind teilweise verschwun-

den zugunsten von nun geschützten Ackerflächen.

Wohin soll sich aber zukünftig das schneller fließende Flutwasser ausbreiten können? Wie hoch müssen die Deiche wachsen? Wie wirkt sich zusätzlich der Klimawandel auf die zukünftigen Pegelstände aus?

Der „Blanke Hans“ wird also weiterhin die Menschen in Küsten- und Flussufernähe in Anspannung halten.

Die nächste, die zweite Januarflut 1976, überrascht die Elbbewohner bereits am 20. des Monats. Gerade erst wieder geschlossene Deiche brechen erneut. Der Pegelstand ist unwesentlich niedriger als vor 17 Tagen. Am 23. Februar kommt es dann zu einer dritten schweren Sturmflut in diesem noch jungen Jahr. Der Wasserstand bleibt zum Glück deutlich niedriger als im Januar.
Drei vergebliche Versuche der Natur, innerhalb von nur sieben Wochen, die Menschen an der Elbe bzw. Küste einfach fortspülen zu wollen!

Bild: Annette Harms

Sturmflutwasserstände
in der Zweiten Meile in Jork.

+8m NN
Sturmflutwasserstände
+7m NN
03.01.1976 6,45+NN
28.01.1994
10.01.1995 6,02+NN
+6m NN
03.12.1999 5,95+NN
05.02.1999 5,74+NN
17.02.1962 5,70+NN
04.02.1825 5,20+NN
+5m NN
+4m NN

Ich werd' bleiben

Gedicht B. Tietzel 2020

Plattes Land mit grünen Deichen,
Einsilbigkeit und Wind von vorn,
die Bäume krumm, denn sie könn' nicht weichen,
die Menschen trinken Doppelkorn!

Die Luft ist salzig, es riecht nach Meer,
nach Möwenschiet und nasser Flur,
nach Jauchefass und nach viel, viel mehr,
und niemand fragt, wo bin ich nur?

Bild: PRIVAT

Und ständig grau der nahe Himmel,
hängt über uns, schwer wie Zement.
Die Häuser brauchen keine Klingel,
weil hier ja jeder jeden kennt!

Man trifft sich zur Geburt und Hochzeit,
bei Deichbruch und am Trauertag,
man trotzt dem Wetter und den Gezeiten,
auch der, der kaum noch Kräfte hat!

Schwer zu beschreiben sind wir hier oben,
nur knappe Sätze, wenig sagen,
erdverbunden, nicht abgehoben,
einfach nur machen, nicht viel fragen!

Die ersten Brecher sind schon da,
Wolken sich am Himmel reiben,
die Gischt treibt fort, zum nächsten Ort,
wo sie nie war,
doch ich werd' bleiben!

Danksagung

Das Ende ist erreicht, und der lang gehegte Wunsch, meine damals erlebten „Abenteuer“ mit dem Blick zurück mit Kinderaugen auch einmal zu Papier zu bringen, ist Wirklichkeit geworden.
Ich durfte in diesem Buch eine Generation von Menschen begleiteten, die zwar selten von früher sprachen, aber durch ihr Früher sehr geprägt waren. Häufig war das kein einfaches Früher. Eine Generation, die offensichtlich ohne viel zu jammern oder zu reden einfach anpackte. Weitermachte. Die nicht als Erstes nach der passenden Versicherungspolice suchte.

Vielleicht vermisst der eine oder andere mehr Bilddokumente zum Thema Sturmflut. Ganz bewusst habe ich mich aber auf insgesamt nur wenige Bilder beschränkt, um einerseits nicht von den plakativen Darstellungen eines damals 10-jährigen Jungen abzulenken, andererseits wollte ich auch eine Wiederholung bereits bekannter Veröffentlichungen aus anderen Publikationen vermeiden.

Mir sind bei meiner Recherche zum Thema Finkenwerder drei Bücher ans Herz gewachsen. Sie begleiten mich schon viele Jahre, und ich möchte diesen Druckwerken an dieser Stelle eine besondere Beachtung und Empfehlung zukommen lassen. Bücher, die nicht nur tiefgreifendes Textmaterial anbieten, sondern auch wunderschön ausgesuchte Bilder aus den verschiedensten Jahren des Miteinanders auf dieser ehemaligen Insel.

Finkenwerder
Auf den Spuren der Vergangenheit
Kurt Wagner – Rudolf Meier – Hinrich Stroh

Inselleben
Finkenwerder im Wechsel der Gezeiten
Kurt Wagner

Finkenwerder
geteilte Elbinsel im Wandel
Michael Ebert – Christian Hanke

Meine Rückblende soll eine kleine Ergänzung zur bereits vorhandenen Literatur zum Thema Finkenwerder darstellen.
Ein großes Dankeschön geht an meine beiden Geschwister Annette und Jörn, die mir mit Zuspruch, Geschichts- und Detailwissen immer helfend zur Seite standen.
Günter Diercks' Erlebnisse aus Neuenfelde fanden erst ein Jahr nach dem Niederschreiben meiner Erinnerungen Eingang in dieses Buch. Ein Dank an die Familie Pöppe, dass ich diese lebendig memorierte Retrospektive in einem eigenen Kapitel den nötigen Raum geben durfte.

Bernd Karl Theodor Tietzel

Der Autor

Der Autor Bernd Tietzel wird 1952 auf der Elbinsel Finkenwerder geboren und wächst dort auf dem elterlichen Bauernhof auf. Im Alter von 24 Jahren zieht es ihn in die Flugzeugkanzeln großer Verkehrsflugzeuge, die er beruflich rund um den Globus führt. Seit 1991 wohnt er nahe Oldenburg (Niedersachsen). Im Ruhestand widmet er sich intensiv seinem Hobby der Musik. Während der Zeit des veränderten gesellschaftlichen Miteinanders in der Corona Pandemie entdeckt er den Reiz und die Wirkung des geschriebenen Wortes.